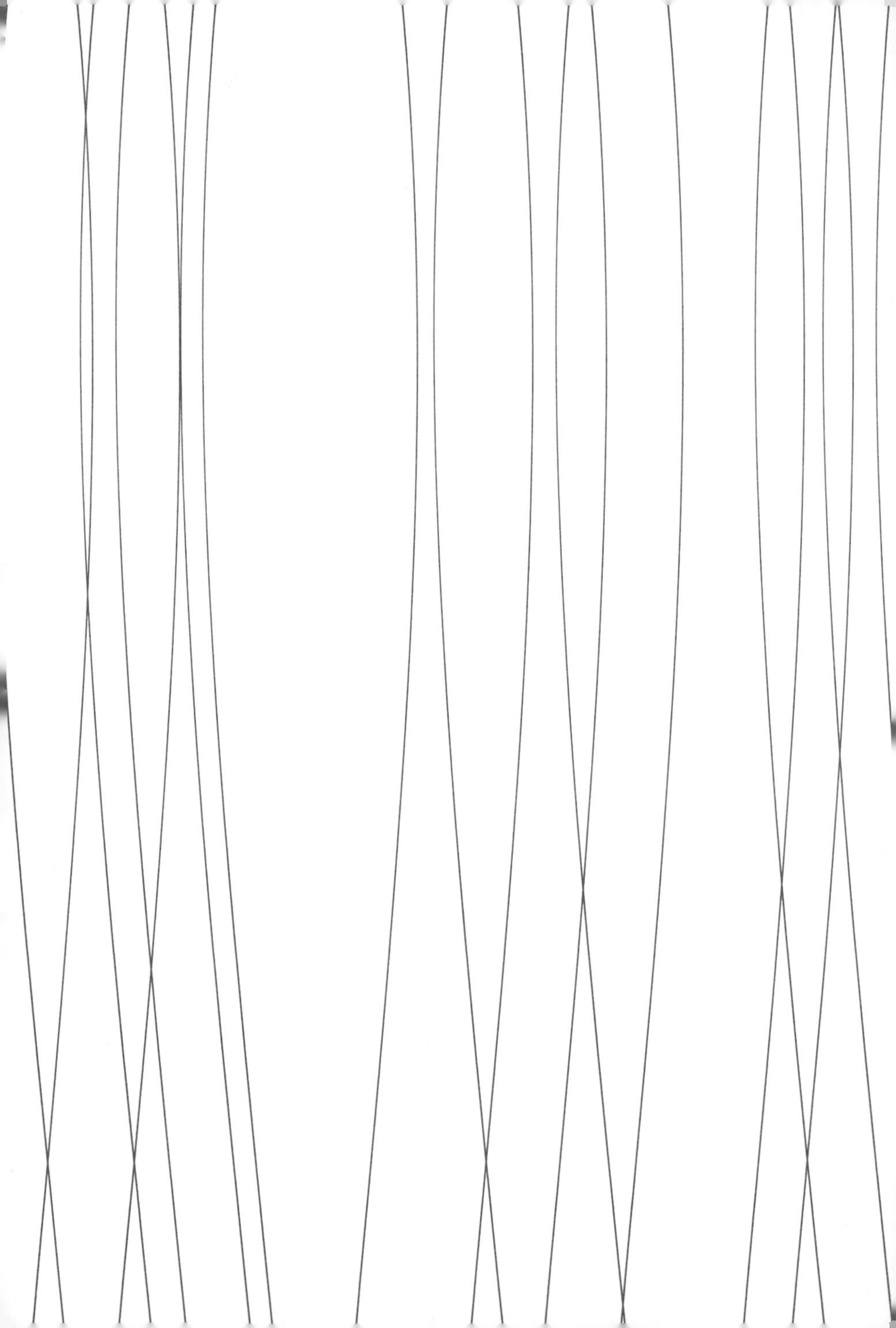

黃金之葉

行進於知識的密林裡，
途徑如此幽微。
我們尋覓一些參天古木，作爲指標，
我們也收集一些或隱或現的黃金之葉，引爲快樂。

黃
金
之
葉
21

Net and Books 網路與書

當我再次是個孩子

波蘭兒童人權之父選集

Prawo dziecka do szacunku & Kiedy znów będę mały

作者：雅努什・柯札克（Janusz Korczak）
譯者：林蔚昀
導讀：林蔚昀
責任編輯：張雅涵
封面設計：許慈力
內頁排版：洪素貞
校對：呂佳真

出版者：英屬蓋曼群島商網路與書股份有限公司臺灣分公司
發行：大塊文化出版股份有限公司
臺北市 10550 南京東路四段 25 號 11 樓
www.locuspublishing.com
TEL：(02)8712-3898　FAX：(02)8712-3897
讀者服務專線：0800-006689
郵撥帳號：18955675　戶名：大塊文化出版股份有限公司
法律顧問：董安丹律師、顧慕堯律師

總經銷：大和書報圖書股份有限公司
地址：新北市 24890 新莊區五工五路 2 號
TEL：(02)8990-2588　FAX：(02)2290-1658
製版：中原造像股份有限公司

初版一刷：2019 年 10 月
定價：新臺幣 350 元
ISBN：978-986-97603-3-1

Printed in Taiwan

當我再次是個孩子

PRAWO DZIECKA DO SZACUNKU & KIEDY ZNÓW BĘDĘ MAŁY

波蘭兒童人權之父選集

Janusz Korczak 雅努什・柯札克

林蔚昀 譯／導讀

目錄

當我再次是個孩子

推薦序

在什麼時候，你遺失了你的童年？

吳在媖（兒童文學作家）

在什麼時候、什麼地點，你遺失了你的童年？

在那一天，那一瞬間，你突然發現自己太傻、太天真。你笑了出來，淚水也流了下來。那天你流下的，是你告別童年的淚水。

有一個人，一直沒有遺忘他的童年，他寫下這樣的文字：

大人有自己的錢，他們需要什麼去買就好了。孩子則是透過大人的施捨獲得他們需要的東西。他們必須等，等父母心情好，不然大人就會對他們說難聽的話。

哇，是不是超犀利？

這個人叫柯札克。

◎

柯札克在一百年多前寫下《如何愛孩子》跟《麥提國王執政記》等書，爲兒童人權與教育留下經典。而他的一生，也全部奉獻給身邊的孩子，沒有結婚生子，但照顧了身邊許許多多的兒童，安慰了不知多少孩童的心，最後還決心陪伴猶太孤兒們前往集中營，放棄外界對他個人的救援，失去他寶貴的生命。

柯札克在一九一二年創辦了猶太孤兒院，也協助照料一家波蘭兒童機構。他在孤兒院實驗以兒童爲主的教育，開辦「同伴法庭」，讓孩童學習自治。如果您認爲兒童自治就會亂無章法，那眞心建議您讀一讀《如何愛孩子》所收錄的，當時兒童法庭的法條，那是最人性、最以人爲本的條款，也是讓大人深深反思，自己到底失去了什麼的文字。

在《如何愛孩子》書中，柯札克留下了很多對兒童權利超時代的看法，很多哲學思考，從孩子未出生到青春期，從行爲到心理，一般讀者不容易讀。爲此，兩年前我開始每週五的線上讀書會。讀書會的成員都是家長，我們把書中的觀念一再反芻，討論生活中的親子行爲。在讀書會裡，大家一邊是爸媽，一邊是孩子，一邊反思自己的教養，一邊療癒自己的童年。讀得越多，我們的心越堅定，眼神越清明。柯札克書中的觀念，比任何教養手冊都還核心。

◎

而這本《當我再次是個孩子：波蘭兒童人權之父選集》，可以說是《如何愛孩子》這本書的大要跟實例說明，讓關注柯札克的家長與老師，可以進一步明白柯札克的基本概念。

本書由兩個部分組成，這兩部分原來是分開出版的兩本小書：第一部分是篇幅較輕短的論述，《孩子有受尊重的權利》，柯札克從大人角度來思考孩子的存在，跟孩子所應享有的權利；第二部分就是書名，《當我再次是個孩子》，是柯札克類似奇幻文學的作品，他想像一個大人再次變成孩子，寫下這個孩子將會有哪些遭遇、哪些心情。

我原本想要再次當個孩子，卸下大人灰色的煩惱和憂愁，但現在我有了孩子的煩惱和憂愁，而且它們讓我更痛。

大人老是覺得自己的經驗比孩子多，所以很知道孩子的狀況。但是透過這本書，大人會重新發現，原來自己早就遺忘了童年曾經的遭遇與心情。這本書將拿下你「歲月」的眼鏡，用最眞最初的眼睛，重新看見孩子的存在。而這會眞切的幫助你跟孩子的相處越來越愉快。

張愛玲說：「因爲了解，所以慈悲。」這幾年我帶「99少年讀書會」，發現柯札克的兒童觀對我帶少年讀書會有太大的啓發，我越了解孩子，就越尊重少年的權利，越尊重少年的權利，他們就越能跟我對談。所以我邀請您，一起進入柯札克的世界。

◎

柯札克認爲，孩子是人，但是太多的大人不把孩子當成一般的人看。你好像有點不以爲然？那麼我們來看看柯札克舉的例子：

爸爸打翻茶時，媽媽總是說：「沒關係。」但如果是我弄的她就會生氣。

你笑了？沒錯吧？我們常常不自覺地，沒把孩子當成一個完整的個體，不把孩子當成一般的大人對待。

人們很少對大人說：「滾吧。」但常常對孩子這麼說。人們說：大人精神抖擻，小孩精力過剩。大人開玩笑，小孩耍寶。〔……〕大人在沉思，小孩在發呆。

大人做事比較慢，小孩拖拖拉拉。這些用語看似是開玩笑，但其實很粗暴。

柯札克眞切的爲孩子發聲，讓大人聽見孩子說不出來的心聲：

有時候我們想做件好事，讓你們驚喜、開心，但我們缺乏經驗，所以事情搞砸了。你們覺得可惜、傷心，我們也是。所以爲什麼要在第一時間跑來對我們大吼大叫呢？

柯札克對兒童的觀察、從兒童的角度考慮事情，讓他的思想跟作品，在他死後，大大影響了後世對兒童權利的尊重與實際行動。一九七九年柯札克百年誕辰，聯合國宣布當年是「國際兒童年」，一九八九年聯合國大會通過《兒童權利公約》，這都是柯札克重視兒童權利的延續。

◎

身爲兒童文學作家，柯札克的這本書最讓我驚心與痛心的是以下這段話，也是我最想大聲疾呼的一段話：

給孩子的東西就是會做得比較差。一流畫家爲大人而畫，給孩子畫畫的是三流畫家。寫給我們的故事和詩、歌曲也彷彿是出於同情才寫的，隨便誰都可以來寫。〔……〕但我們卻是最愛故事、圖畫和音樂的人啊。

我一直期待，文字能力強的作家、畫圖能力強的畫家跟一流的作曲家，一輩子至少爲孩子創作一項精緻的作品，讓兒童文學成爲最棒的領域。

感謝柯札克爲大人寫出這樣的一本書。這不僅是一本爲兒童寫的書，更是一本爲大人寫的書，讓遺忘的大人們重新站在孩子的位置去了解孩子。大人了解了孩子，就可以跟孩子好好相處，就不會再養出下一代內在受傷的大人。

我們〔大人〕必須往上爬、踮起腳尖、伸出手去觸摸，才能感受到他們〔孩子〕的感受，才不會傷害他們。

如果有一天，你終於懂得這句話，那麼不論是誰，在什麼時候、什麼地點讓你遺失了童年，這本書，將幫你找回來。

導讀

當我們再次是個孩子，才能想起，孩子有受尊重的權利

林蔚昀（本書譯者）

波蘭兒童人權之父雅努什·柯札克的《孩子有受尊重的權利》和《當我再次是個孩子》是令人讀起來很有既視感的書。讀一讀可能會想起生活的片段，或是在生活中，偶然想起書中的字句。但這種感覺並不像找到失散多年的好友般令人雀躍，而是像遇見童年的自己哀怨地看著你，彷彿在說：「你怎麼變成壞掉的大人了？」

有一次，我帶兩個小孩去公園玩，就遇見了那樣哀怨的眼神。那是新開幕的公園，而且是兒童參與設計的，我興奮地帶小孩去體驗。公園果然沒有令我們失望，哥哥開心地玩了沙坑、飛天溜索、城堡滑梯……弟弟則一直在玩水、玩沙。到要走了，他們依然意猶未盡地想繼續玩。

我叫了他們好幾次，他們不想走。我熱得要命也累得要命，於是強迫把弟弟拉去洗手，抱上車，又開始叫哥哥：「還剩五分鐘！還剩兩分鐘！」但他不僅沒有開始收拾，反而大玩特玩。我氣得半死，大吼：「你再這樣，我下次就不帶你來了！」

就在那時（還是回家後、夜深人靜自省時？），我想起柯札克在《當我再次是個孩子》中寫到，一群男孩在下課時間去學校中庭瘋狂打雪仗，聽到上課鐘響了，沒有馬上進教室，反而更瘋狂地玩耍。他們是因爲叛逆而這麼做嗎？不是的，而是「鐘聲會讓我們更有力氣玩，就像是行軍時的樂聲。如果在鐘響前，我們還爲了保留力氣，有一點點矜持，現在我們則完全放手一搏。我們要把力氣用盡、用到底、把最後一點點碎屑般的能量完全傾倒出來，像是清晨前的最後一支舞」。

多麼有詩意的畫面，而且很眞實。因爲要結束了，因爲捨不得，所以要玩好玩滿。這麼簡單的道理，大人卻不明白，也許是沒有餘裕，也許是覺得不重要，也許是遺忘——沒錯，因爲長大（或說爲了長大），我們忘了許多童年的記憶，忘了我們也曾經因爲遊戲被打斷而生氣，忘了不想回家/玩不夠/要和朋友分開的痛苦，忘了大人根本不在乎我們的感受，不尊重我們的意願，只貪圖自己的舒適方便……這一切，都是因爲孩子比大人小。

受尊重是孩子的權利，不是大人的施捨

「我們很小的時候就感覺到：大的比小的更重要。〔……〕體積大的人事物總是會引起讚嘆，小的則被視爲平凡無奇。小孩身形矮小，人們也認爲他們的需求比較小，快樂與悲傷也是小小的。」

或許聽起來有點不可思議，但柯札克的《孩子有受尊重的權利》就是從孩子「不受大人尊重，因爲孩子很小」破題的。怎麼可能？怎麼可以？我們不是從小被教導要幫助弱者、尊重與我們不同的人嗎？怎麼會因爲孩子小，就不尊重他們？我們不是愛著孩子嗎？

雖然令人不安，但這是事實。身爲大人，我們經常幫孩子決定這決定那，決定什麼是對的什麼是不對的。「他這麼小又沒有經驗，怎麼知道自己要穿什麼衣服、吃多少食物？」「他這麼矮，爲什麼不自量力去抓公車的吊環？他不知道這樣他會摔倒

嗎？我一定要叫他去握扶手。」

當孩子不聽我們的話，「我們可以把他們抱起來、往上丟、不管他們想不想要，就把他們放到這裡或那裡，我們可以用蠻力讓奔跑中的孩子停下來，可以讓他們的努力全是白費。每當孩子不聽話，我總是可以用力量讓他屈服。」我敢打賭，一半以上的父母都這麼做過，甚至有一派教養文會說，當孩子反抗、鬧情緒，你要緊緊抱住他，讓他感受你的愛，然後他就會平靜下來。

許多大人對孩子做的事，如果是對另一個大人做，就會被當成是性騷擾（捏一下他們的臉說好可愛）、暴力行爲（打耳光、用力扯著他們的手往前走）、公然羞辱（「你看看你，怎麼什麼都不會呀」、「要用一下你的大腦啊」）、侵犯隱私（把他們從小到大的照片po上網，包括裸露的照片和出糗的照片）。但是對孩子做，好像就沒什麼了，而且還可以用「教養」、「愛」、「不然我要怎麼教」、「也沒那麼嚴重吧」之名正當化。

除了肢體和言語上的暴力，我們還輕視、不信任孩子、討厭他們（沒錯，沒有客套，沒有一愛天下無難事，柯札克就是誠實地指出我們在愛孩子的同時，也討厭他們）。我們常常覺得孩子很煩、很吵。我們三不五時懷疑孩子在說謊，雖然我們不確定他是否有說謊（「你有沒有刷牙？我沒看到你刷喔，聞起來不像有刷過，再去給我刷一次」）。我們對孩子犯的錯容忍度很低，覺得他們都是故意的，對我們自己犯的錯卻容忍度很高，而我們會犯錯都是因為人生實難。

聽起來，我們大人是很殘忍很愚蠢很沒品的生物？這整本《孩子有受尊重的權利》其實是一本「靠北大人」大全？嗯，也不是啦（雖然真的長得很像）。就像善書或教堂會有地獄圖，這本書也以震撼教育的方式在勸大人向善，提醒他們不要誤入歧途，不要虐待兒童還振振有詞。

有趣的是，這本書在靠北大人的同時，也靠北孩子。柯札克並沒有像某些教養專家認為孩子天真無邪，一切都是大人的錯。和一般只帶過一兩個三四個小孩的父母不同，身為小兒科醫生和孤兒院院長，柯札克看過幾百個小孩。這些小孩之中當然有善良、誠實、懂得自制、有道德感的，也有會說謊、騙人、偷東西、欺負人、有心機的。但是我們大人也有這些缺點，也會犯錯，甚至犯罪（程度比小孩嚴重許多，因為我們更有能力）。因為我們壞，就不值得被尊重、被信任、被原諒、被理解嗎？如果我們認爲我們値得，那爲什麼對孩子是不同的標準？爲什麼我們要他們「好」才愛他們、尊重他們？爲什麼我們會對孩子說：「你要尊重別人，別人才會尊重你。」但說出這句話的我們，其實根本沒有尊重孩子受尊重的基本權利啊！

沒錯，一如柯札克所說，孩子有受尊重的權利。這權利不是來自大人的施捨，不是討價還價的條件（你要怎樣怎樣，我才給你喔），而是與生俱來。小孩本來就値得尊重，因爲他們和我們一樣生活在地球上，如果我們否定他們的權利，等於否定我們自己的權利，畢竟每個大人都曾經是小孩，而每個小孩未來也會成爲大人。

我們與童年的距離

小孩與大人是同一個人。話雖如此，大人與童年的距離似乎很遠。我當上媽時，距離我脫離兒童/青少年期（十八歲都還可以看兒科門診，我們就用這當作童年的終點吧）才不過十年，但我覺得嬰兒和兒童眞是令人無法理解的生物。我不懂小孩爲什麼一看到媽媽不在旁邊就會哭（我明明只是在隔壁房間），不懂小孩爲什麼生病的時候特別需要媽媽（我除了給他惜惜也不能做什麼啊），不懂小孩爲何明明很累了還要拚命抓著媽媽不放，不懂小孩爲何不吃蔬菜、不穿衣服、不蓋被子、看書不開燈、不喜歡洗頭洗臉洗耳朵、老是說那種很好拆穿的謊……

「妳小時候也這樣啊。」聽到我媽這麼說，我才會想起我的童年是什麼樣子。比較有餘裕時，我也會想起，我小時候常盯著床下的滅蚊燈，拚命讓自己醒著，就爲了讓我媽繼續陪我。我想起，我小時候也不愛吃蔬菜，也曾在黑暗中K書準備隔天的考試。我覺得我媽媽最愛我的時候，是她某天晚上用被子把我包住，笑著說：「像一個蛹，像一個繭。」……這些碎片般四散各處的回憶，都在我閱讀、翻譯柯札克的《當我再次是個孩子》時，凝聚、匯流起來了。

這匯流起來的東西，是一本童年的流水帳。《當我再次是個孩子》的主人翁是個覺得成人生活很糟，於是向小矮人許願，變回小孩的大人，在故事中他不停東扯西拉、碎念他重返童年的見聞和內心戲。小時候，老師總是和我們說，作文不能流水帳，因爲會不好看。《當我再次是個孩子》非常好看，但前提是，要靜下心，放慢速度，放下「這邊發生什麼事」、「作者說這要幹嘛」及「他有完沒完啊我沒那麼多時間」的成見，像是聆聽一個孩子般聆聽這本書，因爲它確實是一個孩子的內心獨白。

仔細聽、慢慢聽，會感受到什麼呢？每個人都會感受到不同的東西。我的第一個感受是：好眞實，因爲這確實是我小時候或我的孩子現在會想、會感覺到的事。就像主角走在路上會停下來看電車和馬車，我的小孩也經常在走路時東張西望，看路旁的告示招牌，問這是什麼那是什麼。對我來說，這些東西一點都不有趣，我擔心他一直亂看會被車撞上，我們會因此趕不上公車。但對孩子來說，一切都新鮮、陌生，都很吸引人。

孩子在街上停下來看東西，可能會被人撞到。或者，他們走著走著會突然改變方向，然後撞到人或被人撞到。不然，他們也可能會奔跑，然後撞上人。在大部分的情況下，不管誰撞到誰，大人通常會叫小孩走路要小心，搞不好還會帶著嫌惡的目光。大人在相撞時多半會和彼此說聲：「不好意思。」但我幾乎沒聽過大人撞到小孩會說：「不好意思。」只要求小孩走路小心，卻不要求大人，不是很奇怪嗎？就像《當我再次是個孩子》的主角問的：「但大人是允許小孩奔跑的。如果小孩可以奔跑，那是誰應該要更小心？是我，一個小男孩，還是有經驗的教育者？」

許多看似平凡無奇的生活守則及道德常規，放到小孩身上，彷彿就像被施了魔法，有了雙重標準。大人告訴小孩要守時，該結束遊戲時就要結束，但去別人家作客時，大人卻說：「再多待一會兒。」（我也常在工作時說：「再讓我看一下電腦。」）大人對小孩說，不可以侮辱人，不可以取笑人。但是當大人侮辱、取笑孩子，孩子生氣，大人反而會叫孩子「不要那麼沒有幽默感」。故事中男孩的阿姨對他媽媽說：「妳的小牛回來了。」男孩生氣地想：「爲什麼她叫我們小牛，而不是人？我們做錯了什麼嗎？爲什麼阿姨要罵我們是牛？只有母牛會生小牛，她幹嘛要講話這麼難聽啊？」於是沒和阿姨打招呼，媽媽反而生氣，覺得男孩讓她丟臉。

看著看著，第二個感受就浮現了，而且非常強烈。那些童年被遺忘的傷，被大人忽視、羞辱、不在乎、責罵、誤會、不信任、不了解、毆打（這本書裡面有一段文字關於老師體罰對學生造成的創傷，非常傳神）、遺忘的痛苦孤獨，統統都回來了。身爲家長，我的痛苦是雙倍的，因爲裡面大人對小孩犯的錯，我幾乎每一項都犯過，也幾乎每一項都在小時候經歷過。

因爲很眞實，很痛苦，所以要慢慢讀。慢慢讀才會讀懂，才能承受痛苦，然後嘗到柯札克埋在痛苦底下的良藥。這良藥其實非常簡單，就只是一個聲音對你說：「嘿，我記得你經歷過的痛苦喔，它們都是眞的喔。」光是這樣，就已足夠，光是這樣，就非常療癒，因爲這表示，童年是眞實存在的，沒有被否定，也不需要被否定。我們不必遺忘童年才能長大，相反的，我們需要記得童年才能長大，才能善待長大後的我們自己，以及我們身邊的孩子。

不只是把童年還給孩子，而是把童年還給所有人

《當我再次是個孩子》中的男孩可說是兒童心理學家愛麗絲・米勒（Alice Miller）筆下的「知情見證者」。[1]這個知情見證者可以幫助大人看見自己的童年，在童年痛苦的眞相被揭露時，能帶著保護、尊重、同理心陪伴他，「一起經驗驚懼與憤怒」。看

1關於「知情見證者」的敘述，請見愛麗絲・米勒的《身體不說謊：再揭幸福童年的祕密》（心靈工坊，二〇一五）。

見童年是不容易的，童年的痛苦可能會讓人質疑變成大人、背叛了童年的自己。這自我質疑也非常痛苦，大人可能會因此否定童年的痛苦，說：「沒有啊，我們還不是被打罵過來的，也沒有怎麼樣。」甚至對兒童的感覺及想法懷抱反感，覺得男孩滿口歪理（我讀這本書時，也一直在排斥與被同理之間擺盪）。

或許是料到讀者會有這樣的反應，柯札克也安排了一個「知情見證者」給大人。別忘了，這個故事不是關於一個男孩正在經歷他的童年，而是關於一個大人變回男孩，再次經歷童年。故事進行中，主角忽而是男人，忽而是男孩，他可以同理大人，也可以同理孩子。他對童年生活本來有期待（或說懷念），但後來發現這懷念是虛幻的，童年沒有像他想像、記得的那麼好。孩子也像大人一樣邪惡，不管當小孩或大人，都會遇到混蛋。於是他決定長大。這次的長大和第一次長大不同，是有意識的決定。因爲第二次經歷了童年，主角終於明白童年和成人生活的意義。

我們不像主角一樣有小矮人的幫助，但可以透過閱讀，以及對身邊孩子的觀察，用某種類似VR的方式拉近我們和童年的距離。當我們貼近了童年，眞正接受了童年的自己和成人的自己，才能成爲一個完整的人，也才能尊重、愛自己及他人。

編選說明

編輯部

《當我再次是個孩子：波蘭兒童人權之父選集》收錄波蘭兒童人權之父柯札克的《孩子有受尊重的權利》（*Prawo dziecka do szacunku*）以及《當我再次是個孩子》（*Kiedy znów będę mały*）兩部作品。《當我再次是個孩子》原書出版於一九二五年，《孩子有受尊重的權利》則出版於一九二九年（一說一九二八年末），分別出版的兩書，概念與內容相映成趣。《當我再次是個孩子》宛如《孩子有受尊重的權利》的實例說明，而《孩子有受尊重的權利》就像《當我再次是個孩子》的重點整理，故編輯部此次將二書收入同一選集。編排順序上，將原先後出版的《孩子有受尊重的權利》置於前，以便讀者先掌握柯札克的概念，再映照《當我再次是個孩子》的故事，更能深入其中含義。讀者亦可按自己偏好的順序閱讀。

孩子有受尊重的權利

*Prawo dziecka
do szacunku*

輕視——不信任

我們很小的時候就感覺到：大的比小的更重要。

「我長大了。」被放在桌上的孩子[1]高興地說。

「我比你高。」和同伴比身高的孩子驕傲地說。

當小孩眞難受。總是要踮著腳，但還是拿不到高處的東西。要踩著小碎步跟上大人，玻璃杯會從小小的手中滑落。得笨手笨腳、費盡力氣爬上椅子、車子、樓梯，碰不到門把，沒辦法從窗戶往外看，不能把東西拿下來或掛上去，因爲太高了。在人群中總是被擋住，人們也不會注意到他們，會撞上他們。當小孩眞是不方便、難受。

體積大的人事物總是會引起讚嘆，小的則被視爲平凡無奇。小孩身形矮小，人們也認爲他們的需求比較小，快樂與悲傷也是小小的。

大城、高山、巨木，總會令人印象深刻。

我們說：「偉大的事蹟，偉大的人。」

孩子很小，很輕，不引人注意。和孩子說話，我們必須彎下腰、放低身段。

◎

更糟的是，孩子比我們脆弱。

我們可以把他們抱起來、往上丟、不管他們想不想要，就把他們放到這裡或那裡，我們可以用蠻力讓奔跑中的孩子停下來，可以讓他們的努力全是白費。

每當孩子不聽話，我總是可以用力量讓他屈服。我說：「不要走，不要動，讓開，把那個給我。」他知道他必須聽話，他也會試圖反抗，每次都徒勞無功，最後只好放棄、投降。

1在波蘭，大人常常會把小孩放在桌上和他們玩，說：「喔，你好高啊！和媽媽一樣！」〔原書無註解，本書註解均為譯註。〕

有誰、在什麼時候、在何等特殊的情況下，膽敢這樣推擠、拉扯、毆打一個大人？在此同時，人們每天都會彷彿無辜地打孩子耳光（「只是輕輕拍一下」）、用力扯著他們的手往前走、捏他們的臉說好可愛。

這種無能為力的感覺會讓人崇拜力量。每個人——無論他是不是大人，只要年紀稍長、力量較大，就可以肆無忌憚地表露不悅，可以用蠻力為他的要求背書，強迫別人聆聽，還可以傷害別人，卻不受到任何懲罰。

我們就這樣以身作則，教會孩子輕視弱者。這種錯誤的教育，注定了他們黑暗的未來。

◎

世界變了。人們已不再只靠肌肉完成工作、抵擋敵人、深入地底／森林／海洋，或用它來開疆拓土、滿足野心、維護安全。我們有了機器作為奴隸，肌肉不再是唯一的特權和優勢。比起肌肉，我們現在更尊敬智慧和知識。

昔日思想家住在可疑、狹窄的破屋裡，現在他們在氣派的大樓裡做研究。圖書館越蓋越高，書架都被書本的重量壓得彎曲了。知識傲人的殿堂裡人滿爲患，知識分子創造、發號施令。有如天書般的數字和線條一次又一次向群眾揭示新發現，證明人類的偉大。你必須靠記憶和智慧理解這一切。

艱苦的求學時間變長了，我們有越來越多的學校、考試和書本。而孩子又小又弱，才剛來到這世上，不會讀書，也什麼都不會……

◎

這是個十分重要的議題：要如何分配生存的空間？要讓誰做什麼工作、得到什麼報酬？要如何利用地球上的資源？要蓋多少工廠，才能讓人人有工作可做，並且能發揮所長？要怎麼讓群眾聽命行事、循規蹈矩，如何防止個人的惡行和瘋狂干擾群體的秩序？要怎麼分配工作、休息和娛樂的時間？要怎麼不讓人們陷入冷感、過度滿足和無聊？要怎麼讓群眾服從，讓他們更容易達成共識？什麼時候要讓他們分開？有時候你要鼓勵、鞭策他們，有時候你要讓他們踩剎車。你要在一處點火，在另一處滅火。

政治家和立法者小心翼翼地嘗試，然後一次又一次地弄錯。

面對孩子，人們就只是單純地統治他們、爲他們做決定。沒有人會天眞地去問孩子的意見，問他們是否同意。畢竟，他們有什麼好說的呢？

◎

在求生存和爭取影響力的競爭中，除了智慧與知識，小聰明也是很重要的。機靈的人可以嗅出風向，獲得超出他本身價值的報酬，他可以輕易地一夜致富，跌破數據分析專家的眼鏡，讓人又讚嘆又嫉妒。你必須洞悉人性——不只要了解廟堂，也要了解糞坑。[2]

而孩子笨拙地小步走著，手中抱著學校的課本、球和娃娃，他已經預感到，世上有許多重要、強大的人事物會決定他人生的成敗起伏，會給予他獎懲，會扭曲他的人格。而這一切，都在他所能掌控之外。

◎

花朵會帶來果實，小雞會長成下蛋的母雞，小牛長大後會有牛奶。在我們付出努力和金錢的同時，也不免擔憂：他們會活下來嗎？還是結果會讓我們失望？

幼苗令人不安，必須曠日廢時地等待它們長大成熟，也許最後報酬會多過投資，但是生命中也會有乾旱、嚴寒、冰雹，這些都會損壞幼苗，讓其枯萎。

我們尋找徵兆，渴望預知未來、確保未來。我們不安地期待未來，這讓我們更加輕視眼前的當下。

幼苗的市場價值少之又少。只有在聖經和神的眼中，蘋果花和蘋果的價值是相同的，而麥苗和麥穗的價值也是對等的。

◎

我們照顧、保護、餵食、教育孩子。他們什麼都不用煩惱，就可以獲得。要是沒有我們提供他們這一切，他們會變成什麼樣？

只有我們，我們是唯一，所有的一切——都是我們給的。

---

2 這邊柯札克用了一個比喻，意思是：不只要了解菁英白領，也要了解三教九流。

我們知道如何成功，我們會給他們方向和建議。我們會讓孩子發展優點、消除缺點。我們指引、改善、訓練。孩子什麼都沒做，所有的一切——都是我們做的。

我們下達命令，要求孩子聽話。

我們道德高尚，是法律上的監護人，我們知道，我們預見，我們是唯一可以判斷孩子的行爲/動作/思想/企圖是否合宜的法官。

我們指派任務，依照孩子的意志和理解能力要求他們完成。我們的孩子就是我們的資產——閒雜人等沒有置喙的餘地。

（確實，如今情況稍微改變了。現在家庭不只靠父母的意志和威權運作，社會也開始介入，開始關心、照顧孩子，雖然它的手法還很小心、細微，不引人注意。）[3]

◎

乞丐可以任意處置他乞討得來的錢，孩子卻沒有任何屬於自己的東西。所有他免費得來、可以使用的東西都不是他的。

不可以撕破、弄壞、弄髒，不可以送人，不可以不喜歡就不要。要收下，而且要開心。所有的一切都要在正確的時間在該在的位置，要理性、合理。

（或許這是爲什麼孩子如此珍惜沒有價值、讓人看了都覺得驚訝又可憐的小東西？繩子、小盒子、珠子，雖在大人眼中是廢物，卻是孩子唯一的財產。）

孩子從我們手上獲得一切，因此他們用聽話有禮貌來報答我們。如果他想要什麼，就讓他用拜託的、用騙的，但是不可以做出任何要求。我們沒有義務要給他什麼，如果我們給予，那是出於好心（在這裡我們可以看到一個令人心痛的類比：孩子就像是有錢人的情婦）。

因爲孩子的貧窮，因爲在物質上孩子依賴大人的施捨——親子關係就這麼被玷污了。

◎

我們輕視孩子，因爲他不知道、沒猜到、沒料到。

3 在二十世紀前，兒童的權益不被重視，甚至兒童也只被認為是小一號的大人。以前父母可以決定小孩的生死，要殺要丟，都父母決定就好，但是二十世紀開始，社會開始關心小孩，把小孩也當成一個人，也要照顧他的人權，父母不能為所欲為。

他不知道大人的生活有多麼複雜困難，不知道我們什麼時候會興奮、悶悶不樂、無聊，不知道什麼會驚擾我們的平靜、讓我們心情惡劣。他不知道大人會失敗、破產。孩子很容易就會被哄睡，很好騙，你不用花很多力氣就可以在他面前隱瞞。

孩子覺得，人生很簡單、很容易。他有爸爸和媽媽，爸爸賺錢，媽媽買東西。他不知道有人會背叛自己的義務，也不知道人們必須用尖牙利齒，才能搶到屬於自己的那一塊肉，甚至會貪婪地想要更多。

他本身沒有物質上的擔憂，也沒有強烈的誘惑或震撼。再一次，他不知道，無法下判斷。我們很容易就可以猜出他的心思，只要隨便一眼就可以看穿，查都不用查就可以發覺他三腳貓的詭計。

但或許我們是在自欺欺人？或許我們眼中的孩子只是我們想要看到的孩子？也許他在我們面前隱瞞一些事，也許他在暗中受苦？

◎

我們將山林據為己有，把樹砍掉，把動物趕走。我們在原本是森林和沼澤的地方蓋起房舍。我們讓人類的足跡不斷進入新的區域。

我們讓世界在我們面前低頭，使用兵器，奴役動物，征服了有色人種，大致上打理好了國際關係，也安撫了普羅大眾。但我們依然離正義的秩序很遠，我們有更多的傷害和不幸。

孩子的懷疑和保留在我們眼中不值一哂。

孩子的民主關懷不受階級限制。流汗的工人、飢餓的同齡孩子、受虐的馬、被割喉的雞都會讓他難過。他和小狗及小鳥很親，蝴蝶和花朵和他平起平坐，甚至連石頭與貝殼都是他的兄弟。但他不會和目中無人的暴發戶結盟，暴發戶不知道：人唯一的資產是靈魂。

◎

我們輕視孩子，因爲孩子才剛開始人生的旅程，還有很長一段路要走。

我們自己也舉步維艱，被各種利害關係壓得喘不過氣，沒時間心力去留意、去感受。孩子則跑跑跳跳，沒必要地東張西望，爲各種事物感到驚訝，問這問那，輕率地哭泣，恣意地開心。

秋天陽光稀少，因此美麗的秋日無比珍貴；春天就沒什麼好珍惜的，反正每天都綠意盎然。孩子要的不多，隨便一點什麼都可以讓他開心——我們甚至不必花力氣就能取悅他。因此，我們匆忙、隨便地打發孩子，忽略了他人生的豐富，以及我們能輕易給予他的喜悅。

我們的重要時光不斷流逝，而孩子有的是時間，他還來得及，還可以等。

◎

孩子不是士兵，不會保家衛國，雖然他和國家一同受苦。

沒有人會問孩子對國家的意見，畢竟他沒有投票權，沒有威脅性，不會提出要求，不會發言。

他現在很小、很弱、很窮、很依賴——等他長大才會成爲一個公民。

我們帶著憐憫，粗魯、殘忍地輕視孩子。

他只是個孩子，乳臭未乾，是未來的棟梁，現在不是。以後他才會長大成人。

◎我們要看好他，一分一秒都不能鬆懈。我們要看好他，不能讓他獨自一人。我們要看好他，不能讓他離開。

他跌倒了、撞到了、受傷了、弄髒了、把水灑出來了、撕壞了、弄斷了、搞壞了、丟到地上了、弄丟了、讓東西起火了、讓小偷進來了。他造成了自己和我們的損失，他要賠償自己、我們和玩伴。

我們要時時警戒，完全不能讓他獨立作主，我們有權百分之百掌控、批評他。

他不知道要吃多少以及吃什麼，喝多少以及喝什麼，不知道自己疲累的極限。所以我們要嚴格控管他的飲食、睡眠和休息。

我們要這麼做多久，而且要做到什麼時候？永遠。我們對孩子的不信任會隨著時間改變，但不會減弱，反而會逐年攀升。

◎孩子分不出輕重緩急，秩序和系統性的工作對他來說很陌生。他總是一恍神就忘記，看待事物輕忽又隨便。他不知道負責任的未來為何物。

我們必須教導、指引、訓練、壓制、拉住他。對他解釋、提出警告、事先預防、把我們的意見加諸於他們身上、和他們對抗。

對抗他們的鬼臉、鬧情緒和頑固。

我們把我們小心翼翼的處世方針加在他們身上。我們教他們謹慎、恐懼、不安、可怕的預感和冰冷的先兆。

我們是有經驗的大人。我們知道周遭有多少危險、埋伏、陷阱、致命的冒險和災難。

我們知道，即使再滴水不漏，也無法完全確保意外不會發生。這也讓我們的動機更顯得可疑：我們如此努力地小心防範，只為了在不幸發生時，可以不用怪罪自己。

◎

孩子像個賭徒，喜愛隨心所欲，很奇怪，他就是會誤入歧途。他樂意聆聽邪惡的耳語，總是學那個最壞的例子。

墮落很容易，而改過向善很難。

我們渴望他向善，我們想要讓他的路走得更容易，我們毫無保留地提供經驗，他只要伸手就可以拿取。我們知道什麼會傷害孩子，我們記得傷害我們的事物——就讓他避免這些傷害，不用去經歷它們。

「記得，明白，你得了解。」

「等你嘗到苦頭就知道了。」

他把這些話當耳邊風，彷彿故意唱反調。

我們得看好他們，確保他們聽話，我們得看好他們，讓他們照我們說的去做。但他明目張膽地誤入歧途，選了更糟糕、更危險的那條路。

◎

我們要怎麼包容孩子輕率的惡作劇、愚蠢的犯規、瘋狂的暴怒？

孩子是個可疑的原始人。他看起來很依賴、很天真，但實際上他精明又奸巧。他知道如何滑出我們的掌控，讓我們放下戒心，欺騙我們。他總是有用不完的藉口和理由，知道如何隱瞞，能夠臉不紅氣不喘地說謊。

他搖擺不定，令人無法信任。

輕視和不信任，懷疑和控訴。這是令人心痛的類比：孩子就像是個麻煩製造者、酒鬼、反叛者、瘋子。我們要怎麼和這樣的人同處一個屋簷下啊？

反感

不要緊。我們愛孩子。縱使有千般不是，他們還是很可愛，是我們的安慰、希望、快樂、休憩，人生中的那道光。我們不會嚇他們，不會給他們負擔，不會折磨他們，他們自在且開心。

那麼，爲什麼？彷彿要給這輕盈來點重量，加一點多餘、令人不適的調味料——爲什麼我們會對我們深愛的孩子懷抱著反感？

◎

早在孩子來到這個不歡迎他的世界之前，父母的家庭生活已經充滿雞飛狗跳和重重限制。頭幾個月他們還因爲期待已久的孩子終於到來而滿心歡喜，但這歡喜也很快就一去不返了。

長久的不適最後會演變爲病痛。不眠的夜晚、意外的開銷干擾了平靜與秩序，也打亂了家裡的收支。

除了酸味四溢的尿布和刺耳的嬰兒哭聲，你還可以聽到婚姻牢籠的鎖鏈聲響。如果你無法和孩子溝通，你就得用猜的、用揣測的，這可眞是一項艱鉅的任務。好吧，我們會等，搞不好還很有耐心地等。

等到他終於會說話、走路，他就會到處亂跑，什麼都想碰，每個角落都想看，這個髒兮兮的小獨裁者造成的干擾和混亂並不比以前少。

他製造出一堆麻煩，反抗我們的理智。他要求別人順他的意，也只明白合乎他心意的東西。

我們也不能忽略細節。孩子讓我們反感的原因還包括：大清早就叫我們起床、弄得皺皺的報紙、衣服和掛毯上的污漬、尿濕的地毯、碎裂的夾鼻眼鏡和紀念花瓶、灑了一地的牛奶/香水/給醫生的診療費。

他不在我們想要他睡的時間睡，不吃我們想要他吃的東西。我們以爲會把他逗笑，結果他卻爆哭。而他又是這麼地脆弱，一點點照料上的小疏失都可能害他生病，然後，這又帶來新的難題了。

如果有一人原諒了他，另一個人就會不費吹灰之力地指責他、緊咬著他的錯誤不放。除了媽媽，爸爸、保母、僕人、鄰居也會來管教小孩，他們會無視媽媽的意見，或在媽媽看不到時私下懲罰孩子。

這個小陰謀家有時會造成大人的衝突，讓他們心情惡劣。總會有人不喜歡他，對他心懷芥蒂。如果照顧者縱容他，孩子就得為此在別人面前付出代價。很多時候表面上的慈祥代表不智的放任，這時孩子就得為照顧者犯的錯負責。

（比較大的孩子也不喜歡人們叫他們「小孩」，原因在於：他們自己已經一天到晚被大人罵了，還必須和小小孩一起背負罵名。）

◎

孩子極少是我們所希望的樣子，他的成長經常伴隨著我們的失望。

「你早就應該要……」

我們既然好心付出這麼多，他就應該要努力報答我們。他應該要理解、同意、放棄，還有最重要的，應該要感恩。

他們帶著義務和要求長大，通常會長得和我們所希望的不同，也達不到我們的期待。

我們會把一些時間、要求和權力交給學校。警覺心加倍了，責任變重了，不同的教養方式帶來了衝突，匱乏也出現了。

父母很樂意原諒孩子，他們的寬容來自罪惡感，畢竟是他們把孩子帶到這世上，光是把孩子生下來就是對他的傷害。有時母親面對外在的指控或是她自己的疑慮，會用若有似無的疾病當藉口，以「孩子病了」爲他的行爲辯護。

一般來說，人們不信任母親的意見。母親會偏袒孩子，又缺乏專業知識。人們會去尋求老師、專家、有經驗的人的意見，問他們：這孩子到底值不值得我們善待？

◎

私人家教和孩子相處的環境通常不是很好。

父母出於不信任，會去控制家教，這讓他尷尬。他被迫在別人的命令和自己的觀點之間游移，在外在的要求和自己的平靜舒適之間搖擺。

他必須爲別人交給他的孩子負責，若是法定監護人/他老闆的決定出了差錯，他也必須承擔惡果。

他被迫隱瞞、逃避困難，他很容易就墮落，變得陽奉陰違、憤世嫉俗、懶散。隨著他的教學時間越來越長，成人的要求和孩子的渴望漸行漸遠。於是，家教就會利用他對孩子的了解，用卑劣的手段讓孩子聽話。

人們也明白這工作有多醜陋，因而輕視它。有句諺語是這樣說的：如果神想要懲罰某個人，就會讓他去當老師。[1]

◎

我們對忙碌、喧嘩、有趣的生命及生命中的各種有趣議題感到無聊，孩子的問題

1 在波蘭，教師是收入很少又被人瞧不起的工作，所以才會有這句諺語。

及驚訝、發現和失敗的嘗試也經常讓我們疲累。

我們鮮少是孩子的顧問和開心果，通常是嚴厲的法官。我們會給他們臨時的判決和懲罰，這只會造成一種結果：他們會比較少胡鬧，但在感到無聊或想要反抗時，他們一旦鬧起來，就會鬧得更兇。於是，我們加強警戒，鎮壓孩子的反抗，好預防任何意外。

教師的墮落就是從這裡開始的：他輕視孩子，不信任孩子，總是在懷疑、追查、逮捕、威嚇、控訴和懲罰，尋找預防孩子犯錯的方便手段。他越來越頻繁地禁止孩子，無情地逼迫孩子，卻看不到孩子努力地花了一小時，要好好寫滿一張紙，他只是冷冷地告訴孩子，他寫得不好。

我們鮮少讓孩子看到我們藍如天空的寬容，卻經常讓他們看到我們猩紅色的震怒。

◎

教一大群小孩比教一個小孩需要更多智慧。要教一大群孩子的老師會經常控訴孩子，但他未必是對的。

教一個小孩會讓你疲倦無聊，他的一個錯誤會讓你生氣。現在以此類推一下：一群孩子會多麼令人頭痛、煩人、要求你全神貫注又不可預料啊？

你得明白：一群孩子就是群眾、群體、大眾，而不是「孩子們」。

你一直以爲你很強勢，但是在一群孩子面前，你又小又弱。這個群體就像是個巨人，分量驚人，經驗眾多，有時候他們會群起反抗，有時候他們會分散成好幾個小團體，每個人腦中都藏著不同的想法和祕密的要求。

有些剛就任的學校班導師與孤兒院老師，日子非常難熬。這些地方的孩子被嚴格的規定綁得死死的，他們出於憤怒和狂妄自大，會像黑道火併一樣，彼此互相折磨。這群體的力量既強烈又危險，它會撞擊老師的意志力，想要突破水壩——他們不是一群孩子，而是強大的能量。

有許多場革命都被老師默默地隱瞞了，因爲他不好意思承認，他竟然鬥不過孩子。

老師一旦認清這一點，就會用各種方法鎮壓孩子、掌控局面。他不會再信任孩子，也不會開無傷大雅的玩笑。他不會給出模稜兩可的答案，也不會聳肩、不情願地搖手，更不會頑固、沉默或憤怒地看著孩子。他會把孩子對他的輕視和故意不聽話的行爲連根拔起、狠狠燒燬。他會用特權收買小群體的霸王，遴選一些告密者。他不會在意他的處罰是否公平，重點是嚴厲，這樣才能殺雞儆猴，在反抗的火花剛冒出來時就將它踩熄，這樣，這個鐵人般的群體才不會發號施令、爲所欲爲——得讓他們連想都不敢這樣想。

一個孩子的脆弱會引人憐憫，而一群孩子的力量則會讓人激動、憤怒。

◎

人們說，如果你對孩子和顏悅色，他們就會變得目中無人、膽大妄爲、無法無天——這是不實的指控。

然而，善意並不等同於輕忽隨便、笨手笨腳和無助的愚蠢。在老師之中，除了那些狡猾、殘忍、厭世的傢伙，我們也會遇到一些廢物。他們從所有的工作場域中被趕出來，根本無法負責掌管任何機構。

有時候，老師想要討好孩子，他貪圖方便，想要迅速又不花力氣地獲取孩子的信任。他想要在心情好時和孩子們一起玩耍，而不是好好地組織、安排群體生活。當這寬容慈祥的好主人突然發了脾氣，他就在孩子眼裡變得可笑。

有時候，有抱負的老師會覺得，他很輕易就可以用溫暖的道德觀說服孩子，改造他們，只要讓他們感動，他們就會改善行爲。事實上，他只是在惹毛孩子，令他們覺得無聊。

有些老師表面上看起來和善，他們會虛僞地和孩子結成同盟，但他們其實比敵人還可怕，會給孩子帶來更大的傷害，孩子們會對這樣的老師感到作嘔。

如果老師折磨、傷害孩子，孩子會輕視老師。如果老師裝出和善的樣子，孩子會厭惡並且反抗老師。當老師不信任他們時，他們則會暗中計畫陰謀。

◎

長年的教育工作讓我越來越深信：孩子值得我們尊重、信任、善待。在溫和、愉悅的氛圍中，在充滿歡笑、新鮮的第一次努力和驚奇中，在純粹、明亮、暖心的快樂中，和他們相處是令人愉快的，而工作則令人欣喜，成果也豐碩美麗。

只有一件事會啓人疑竇、令人不安。

爲什麼最令人放心的孩子，不只一次會令人失望？爲什麼有時候（雖然很少發生）群體會突然爆發反抗的行爲？雖然大人也沒有好到哪裡去，但比起孩子，大人至少比較理智、可預期，你對他們可以比較放心。

我努力不懈地尋找答案，慢慢地，我找到了解答：

1 如果老師在尋找一種他覺得特別重要的人格特質或價值，如果他渴望根據單一典範塑造孩子，把孩子引導到某個方向——那他就走上了歧途。有些孩子會假裝配合，其他孩子則會暫時聽從建議。當孩子的本性終於露出來，不只老師，連孩子自己也會感到驚嚇。孩子越是努力隱藏本性或屈服於老師的影響，他的反應就會越激烈。我們必須明白這件事：當孩子發覺老師看出他的眞面目，他就沒什麼好假裝的了。

2 老師和孩子判斷價值的標準是不同的。兩者都會看到正面的價值，老師會等待學生發展、運用這價值，而孩子則會觀望，看這價值在此時此刻會帶給他們什麼好處。孩子會想，現在要和別人分享他所擁有的東西，還是要高高在上、嫉妒、自私、小氣地把這些東西據爲己有？他不講故事、不彈奏樂器、不畫畫、不幫忙、不爲別人服務——其他孩子會不高興地想：「他以爲他是誰啊？」、

「還要拜託他他才會做。」當孩子被孤立，他會殷勤地想要再次贏得其他孩子的心，而孩子們則會開心地回頭接納他。這孩子不是突然墮落，相反地，他會在墮落後明白正面價値的意義，然後改善自己的行爲。

3 群體令人失望，群體會傷人。我不會隱瞞來源，我是在一本關於訓練動物的書裡找到這個現象的解釋：獅子最危險的時候，並不是牠憤怒的時候，而是牠玩得很開心、想要爲所欲爲時。一群孩子就和一頭獅子一樣強大……我們不應該把涉獵知識的範圍侷限在心理學，而是更該在醫學、社會學、民族學、歷史、詩歌、犯罪學、禱文和訓練教科書中尋找答案。人生太短，個人的經驗太少，我們必須從悠久的歷史文化中學習。

4 最重要（但希望不是最後）的解釋：孩子玩樂時大口呼吸自由的空氣，就像大人大口喝伏特加。當孩子興奮過頭，不再控制自己的行爲而胡鬧，做冒險的事情，失去理智，之後他們就會出現下列反應：尷尬、胃痛、不高興、有罪惡感。我的觀察是純粹從病理學角度出發的。即使是最懂得自制的孩子都會無法拒絕誘惑。不要因此而懲罰孩子，這明顯的「酒醉狀態」應該要引起我們的感動和佩服。不要因此遠離孩子、把他們視爲異類，而是要接近他們，和他們結爲同盟。

◎我們在孩子面前隱藏我們的缺點和罪惡。孩子不可以批評我們，不可以看到我們的缺點、壞習慣和可笑的樣子。我們假裝完美，因爲害怕受到最嚴重的污辱，我們竭盡所能保衛這個統治階級的祕密，這個大人的種姓制度（只有大人才能進入這個圈子、完成崇高的任務）。在這個世界中，會被赤裸裸剝開、公開羞辱的，只有孩子。

我們和孩子們打假牌。我們用大人的經驗作爲王牌，贏過孩子（他們的年齡是弱點）。我們狡詐地洗牌，讓我們滿手都是有價値的好牌，而他們手上卻都是爛牌。

在大人之中，不是也有隨隨便便、輕率行事的人嗎？我們之中不是也有好吃鬼、笨蛋、懶惰鬼、搗蛋鬼、惹事生非的人、沒良心的傢伙、騙子、酒鬼、小偷？我們不也會明目張膽或偷偷摸摸地使用暴力、犯下罪行？我們之中不是也有爭執、小奸小惡、嫉妒、拒絕、勒索、傷人的話語、污辱人的行爲？有多少不爲人知的家庭悲劇？

而在這些悲劇中首當其衝受苦的，就是孩子了。

這樣的我們，竟然還敢怪罪孩子、控訴孩子?!

畢竟，大人社會最擅長的，就是仔細地「去蕪存菁」和過濾。有多少不適應社會、不能被看見的孩子被埋在萬人塚、成了罪犯或瘋子、被沖下骯髒的水溝？

我們命令小孩尊敬年長、有經驗的人，完全不顧在孩子身邊有許多有經驗的青少年，他們會誘惑小孩去做壞事，帶給他們同儕壓力。

那些喜歡惹事、無法控制自己的青少年到處亂跑，推人打人，傷害別人，把其他孩子帶壞，甚至還會來找大人的麻煩。爲了這一小部分人犯的錯，所有的孩子卻要負共同的責任。這一小撮孩子把全體的名聲都搞壞了，成了孩子生活表面明顯的污點。我們於是用制式的方法對付孩子，就像對付青少年：緊緊控制住他們，雖然這會讓他們感受壓迫。嚴厲、嚴格地管教他們，雖然這很殘忍，而且會讓他們受傷。

我們不允許孩子安排自己的生活，我們輕視、不信任、討厭他們、對他們疏於照料。沒有專家的協助，我們不知道如何對待孩子，但眞正的專家就是孩子本人啊。

◎

我們是否眞的一點自省能力都沒有？我們應該要善待孩子，但我們所做的則是對他們又親又抱，即使他們不喜歡如此。難道我們不明白？當我們擁抱孩子，其實是讓他擁抱我們。我們無助地躲進孩子的擁抱中，藉此尋求庇護，逃避無家可歸的疼痛、被遺棄的孤獨，我們讓我們的痛苦和渴望成爲孩子的負擔。

除卻那些爲了逃避痛苦、祈求希望的愛撫，任何其他的愛撫都是爲了在孩子身上尋求、挑起感官反應。這樣的愛撫是一種罪。

我擁抱孩子，是因爲我寂寞。親我一下，我就會給你你想要的。

這是自私自利的表現，不是親切。

受尊重的權利

孩子彷彿有兩段人生：一段人生嚴肅、受人尊敬，另一段人生則被人寬恕包容，但是比較沒價值。我們說，孩子是未來的棟梁，未來的員工，未來的公民。我們說，他們將來會是，以後才會玩眞的，未來就會眞正開始。我們仁慈地允許他們在我們身邊晃來晃去，但是如果沒有他們，我們會過得更舒服。

不，事實並非大人想的那樣，孩子從以前、現在到未來都一直在我們身邊。他們不是突然冒出來的驚喜，也不是只在這裡待一下。他們不是我們在街上巧遇的友人，可以微笑點頭、打個招呼就快步擦身而過。

孩子人數眾多，是人類社會、人口、國家、居民中重要的一分子，他們一直陪伴著我們，從以前、現在到未來都是。

孩子的人生只是場玩笑嗎？不，童年是一段漫長、重要的人類發展時期。

◎

殘酷卻誠實的希臘和羅馬法律允許大人殺死孩子。在中世紀，漁夫往河中撒網，就可撈出溺死嬰孩的屍體。在十七世紀的巴黎，人們會把年紀大的孩子賣給乞丐，而小的就直接在聖母院前送人。這並不是很久遠以前的事，即使在現代，依然有棄兒。

今天，私生子、棄兒、被不當照料的孩子、被利用的孩子、墮入深淵的孩子、被虐待的孩子逐漸增加。法律雖然保護他們，但是法律有給予他們足夠的保障嗎？許多事情改變了，老舊的法律也需要更新。

◎

我們變得富有了。我們不靠自己的工作成果，也可以獲利。我們繼承遺產、玩股票，是巨大資產的共同持有人。我們坐擁城市、大樓、工廠、礦場、旅館、劇院，市場上有多少商品，水上就有多少貨船。商人刺激我們的欲望，遊說我們購買。

讓我們來算算收支，讓我們看看，經費中有多少是給孩子的？我指的是本來就該在那裡的經費，而不是出於仁慈或施捨。讓我們實事求是地檢查，我們分配給孩子（這些小國民、這些佃農階級）多少資源？我們的總財產有多少？該如何分配？身爲狡詐的家長，我們會不會掠奪、侵佔了原本該屬於孩子的那一部分？

孩子的生活空間擁擠、悶熱、寒酸、無趣，又有一堆嚴格的規定。

◎

我們發明了普及教育，強迫孩子進行思考的工作，讓他們註冊入學。孩子肩上多了一個重擔，時時刻刻要平衡兩種不同的權威，兩種不同的利益。

學校做出要求，家長不情願地順從。父母和學校之間的衝突會把孩子壓得喘不過氣。父母會肯定、支持學校對孩子不守規矩的控訴，即使這些控訴有時並不公平。在此同時，父母也會抗拒學校給予孩子的照顧，認爲這是強加的。

士兵的任務也是時時做好準備，隨時可以聽命上陣。但國家會滿足他所有的需要，給他吃住、步槍和軍餉，這是他的權利，而不是國家給他的施捨。

而被迫去上學的孩子，卻必須乞求父母或政府的照顧。

《日內瓦兒童權利宣言》把義務和權利搞混了。他們的宣言用的是說服的語氣，他們號召大人向善，請求他們對孩子親切，而非要求大人善待孩子。[1]

◎

學校創造出時間的節奏。學校的行政人員會滿足小公民今天的需要。孩子是有智慧的生物，他十分明白自己生命中的需求、困難和阻礙。我們應該給孩子的不是專斷的命令、強迫的規則或不信任的控制，而是有技巧的溝通，並且信仰孩子的經驗——相信我們可以和孩子互相合作、共同生活。

孩子不笨，他們之中的笨蛋並不比大人之中的笨蛋多。倚老賣老的我們，經常想都不想、毫無自省地就把根本辦不到的規定加諸於孩子身上。即使是一個冰雪聰明的孩子，面對這些有侵犯性、迂腐又污辱人的愚蠢規則，也會驚訝得不知如何反應。

孩子有未來，但是也有過去。他記得各種事件與回憶，以及許多重要的孤獨沉思。他就像我們一樣會記得和遺忘、珍惜與輕視，也會有邏輯地推理。他會在不知所措時犯錯，也會理性地信任和懷疑。

孩子就像是個外國人，不懂我們的語言，不熟悉街道的方向，不明白法律和習俗。他有時會靠自己掌握四周的情況，遇上困難時，他會尋求指示和建議，他需要一個會有禮貌地回答他問題的導遊。

我們要尊重他的無知。

壞心眼的人、罪犯和騙子會利用外國人的無知，提供外國人他不明白的答案，有意誤導他，自大又沒文化的人則會不甘不願地嘟囔。而我們這些大人則不停地在對孩子嘮叨，責罵、懲罰他們，卻不會友善地提供他們資訊。

孩子從我們身上獲得的資訊是如此少得可憐，若他們沒有從同伴那裡獲得知識，沒有偷聽，沒有從大人的對話中竊取，他們可說是幾乎一無所知。

我們要尊重他認識世界的過程。

1 一九二四年，國際聯盟通過《日內瓦兒童權利宣言》（Geneva Declaration of the Rights of the Child），它是史上第一份與兒童權利直接相關的國際文件，其中列舉了兒童應受保障的基本權利。

◎

我們要尊重他的失敗和淚水。

不只是扯破的褲襪，還有磨破的膝蓋。不只是摔破的水杯，還有割傷的手指、瘀青、腫包和疼痛。

作業本裡的墨跡是個意外，是個令人難過的失敗。

「爸爸打翻茶時，媽媽總是說：『沒關係。』但如果是我弄的她就會生氣。」

孩子不熟悉疼痛、傷害和不公不義，這是爲什麼他會眞心地受苦、時常哭泣。即使是孩子的淚水也會引起人們的嘲笑和憤怒，他們覺得和大人的眼淚比起來，孩子的眼淚不重要。

孩子會尖叫、哭叫、咩咩叫、呱呱叫。

（這些都是大人用來形容孩子叫聲的負面形容詞。）

孩子會因爲頑固和鬧情緒而哭——這是無助和反抗的淚水，是絕望的抗議，是尋求幫助的吶喊。孩子在控訴大人沒有照顧好他們，他們的哭聲證明了大人不智的壓迫，這樣的哭泣是壞心情的症狀，也是受苦的證據。

◎

我們要尊重孩子的財產和他的經費。物質上的匱乏會讓孩子心痛、擔憂，他會把自己的貧窮和同伴的富裕拿來比較。他知道父母養他要花錢，而父母有時沒錢，他不想成爲家庭的負擔。

當他需要錢、帽子、書本、看電影、買簿子（上一本用完了）、鉛筆（弄丟了或被人拿走了）、送紀念品給他喜歡的人、買餅乾、借給朋友……怎麼辦？有這麼多重要的需求、願望和欲望，但是沒有錢。

在少年法庭，偷竊案件在所有案件中的比例最高，這難道不應該讓我們有所警惕，注意到事情的嚴重性嗎？我們輕視孩子的經費，現在換來了報應，而懲罰並不會改善他們的行爲。

孩子所擁有的東西不是廢物，而是乞丐的財產，是工作的工具，是希望，是紀念。[2]

孩子今日的擔憂、不安、憤世和失望不是想像出來的，而是眞實存在的。

2可對照〈輕視——不信任〉一篇，柯札克提到孩子在處置所有物方面比乞丐不如（詳本書第32、33頁）。

◎

孩子在長。他的感受更強烈，呼吸比以前快，脈搏也更有力，他在成長——他的身形越來越龐大了，也更強壯。他日夜都在長，無論清醒還是睡著，無論心情好壞，無論他武裝自己，還是在你面前懺悔。

有時春天孩子成長了雙倍，而秋天則毫無動靜。有時候他的骨頭長大了，但心還沒跟上。有些地方長得太小，有些則太大。有些腺體消失，有些甦醒，它們都有不同的運作機制，會帶來不同的不安和驚奇。

有時他渴望奔跑，就像渴望呼吸。有時他想要搏鬥、舉重。有時他想要獲得，另一些時候，他則會躲起來做白日夢，懷念過去。他同時需要強硬和平靜、溫暖、舒適。他也同時會有強烈、熱切的渴望或什麼都不想要的冷漠。

無聊、病痛、流鼻涕、太熱、太冷、想睡、飢餓、渴望、過多、過少、心情不好——這些反應不是他在鬧情緒，也不是不想上學的藉口。

成長是艱辛的工作，我們要尊重孩子在這過程中的祕密和遲疑。

◎

我們要尊重此時此刻，尊重今天。如果我們不許孩子今天過著清醒、負責的生活，他們明天怎麼可能會這麼做呢？

我們要尊重每一個當下，因爲它會消逝，而且絕不會重來，每一個瞬間都是認眞的。如果我們不認眞對待，之後我們就會遺憾、難過，對此有不愉快的回憶。

就讓我們允許孩子暢飲人生初期的喜悅，並且信任他們吧。孩子就是希望如此。不要吝於給他時間，讓他好好念故事、和小狗談話、玩球、好好看一幅圖畫、寫字。對他親切友善點，他是對的。

我們天眞地恐懼死亡，卻沒注意到，生命是一場圓圈舞，[3]充滿一連串消逝和新生的瞬間。我們把時間分成一個個等份（一個月、一年），只是藉此去了解永恆，了解時間是如何流逝的。但這是無效的嘗試。一瞬間就是一個微笑或嘆息。母親希望能養大孩子，她等不到的。每個瞬間，她都是一個不同的女人，這女人會迎接孩子，和孩

3 圓圈舞（Korowód），一種斯拉夫傳統舞蹈，一群人手拉著手圍成圓圈，隨著音樂起舞。

子道別，而孩子在每個瞬間也都是不同的人。

我們徒勞無功地把歲月分成比較成熟或比較不成熟的。但其實，沒有一個今天是不成熟的，年齡的階級不存在，也沒有比較高級或低級的痛苦、快樂、希望和失望。

當我和孩子交談或玩耍時，我生命的瞬間和他生命的瞬間交會，兩者都同樣成熟。當我和一群孩子在一起，我總是在瞬間用一個眼神、一個微笑歡迎孩子及向他們道別。當我生氣時，我倆的瞬間也同在——只是我的瞬間充滿了復仇的憤怒，它破壞、污染了孩子成熟、重要的一瞬間。

要爲了明天而放棄今天嗎？這麼做會帶來什麼後果？後果很陰暗、不樂觀。有句老話很有道理：如果你不打好地基，你的屋頂是會塌陷的。

做自己的權利

「他長大後會做什麼?」我們不安地問。

我們都望子成龍、望女成鳳。我們夢想著,孩子會成爲完美的未來人類。必須很小心,提高警覺,才能把我們自己的謊言逮個正著,揭穿老生常談的自私。我們看似自我犧牲,但其實這只是再簡單也不過的詐騙。

我們已經和自己談好、達成協議,也原諒了自己,推卸了改善的義務。都是大人沒把我們教好,他們教得太晚了,缺點和負面特質已經生根了。我們不許孩子批評我們,也不自我反省。

身爲罪人,我們放棄了和自己的戰鬥,把這沉重的負擔加到孩子身上。

教師很樂意使用大人的特權:他要做的是看好孩子,而不是自己。他要把孩子犯的錯記下來，而不是自己的。

◎

孩子犯的錯有哪些？所有一切會干擾我們的平靜、野心和舒適，讓我們心煩、憤怒，擾亂我們的習慣，耗費我們的時間和心神的東西，都是錯誤。我們認定孩子犯錯一定是故意的，而不是失誤或意外。

孩子不知道、沒聽到、沒聽懂、聽錯了、弄錯了、失敗了、辦不到——這一切在大人眼中都是錯誤。孩子的失敗和壞心情，以及所有困難的時刻——這都是錯誤，而且他是故意的。

不夠快或太快，做得不夠好——這是輕忽、懶惰、迷糊、不情願的錯誤。

孩子無法完成會造成傷害的、不可能完成的任務——是他的錯。我們隨便、惡意地懷疑孩子——即使缺乏證據，我們也先給孩子定罪再說。我們恐懼、懷疑孩子會犯錯，即使他們想要改善，也成了罪狀。

「看吧，只要想做，你就辦得到。」

我們總是可以找到事情來怪，我們對孩子的要求永無饜足。我們可曾技巧性地退讓、避免不必要的傷害，讓我們與孩子的共同生活變得比較容易？說到底，固執、難搞、愛惹人、喜怒無常的，不就是我們自己嗎？

◎

當孩子干擾我們、讓我們疲憊時，他們會引起我們的注意。我們只看到、只記得這些時刻。我們沒看到孩子平靜、嚴肅、專注的時光。我們輕視孩子和自己、和世界、和神交談的神聖片刻。爲了避免被大人毫不留情地嘲笑、批評，孩子被迫隱藏他的失落和衝動，以及想要和大人達成協議的渴望，不肯承認他會改進。

孩子也會順從地隱藏他的洞察、驚訝、不安、遺憾、憤怒和反抗。我們想要孩子跳著拍手，於是孩子給我們看弄臣的笑臉。

壞孩子和孩子的惡行總是名聲遠播，而善良的孩子和孩子的善行則沒沒無聞。然而孩子的善良比他們的邪惡多過千倍。善良很強盛，而且持久。人們說：「學壞三天，學好三年。」這並非事實。

◎

我們訓練自己的專注力和觀察力，用它來偵查、尋找、發現、追蹤孩子的惡行，只爲了在案發現場抓住孩子。在不好的預感中，在傷人的懷疑中。

（我們會一直監視老人，不讓他們踢足球嗎？如果不會，那我們頑固地監視著孩子，不讓他們自慰，這是一件多麼令人噁心的事啊！）

一個孩子甩門，一個沒把床鋪好，一個把大衣丟在地下，一個簿子裡有墨跡。我們大聲責罵，不然就是碎碎念，而不是慶幸地想：還好只有一個。

我們聽到孩子吵架、來跟我們告狀。但在我們沒聽到、沒看到的地方，孩子多次原諒、禮讓、照顧、服務、學習，對彼此有美好、深遠的影響。即使是喜歡捉弄人和惡作劇的孩子，也不會每次都把人弄哭，有時候他們也會帶來歡笑。

我們懶散地希望，孩子在學校的幾萬秒中，永遠都不會有任何艱難的時刻。

爲什麼孩子在一個老師眼中是小皮蛋，在另一個老師眼中是小可愛？我們要求孩子穿上善良的制服，時時刻刻整齊畫一，而且是根據我們的好惡和標準。

我們會在歷史上找到類似的暴君嗎？這樣的我們，是尼祿[1]的後代。

◎健康與病痛是一體兩面，在優點及價值之外，存在著匱乏和缺點。

在一小撮快樂、過著優渥生活的孩子身邊（這些孩子的人生就像是童話，是高尚的傳說，他們相信人生，也很親切和善），是一般普羅大眾的孩子，從他們一出生，世界就用冷硬、直白的語言向他們陳述人生陰暗的眞相。

孩子會因爲大人粗鄙的無視和沒有獲得足夠照顧而墮落，也會因爲大人親暱憐愛的輕視、過多的照顧和精緻的生活而墮落。

這些孩子被大人污染，因而不信任大人、討厭大人，但他們不是壞孩子。

不只家庭會給孩子樹立典範，走廊、院子和街道上的人們也會。孩子會有樣學樣，模仿身邊的人說話，重複他們的觀點、手勢和行爲。沒有完全乾淨純潔的孩子，每個孩子都多多少少被弄髒了。

哦，我們很快會把孩子解放出來，把他清乾淨。我們會把那些表面的惡習洗去。

1尼祿（Nero，三七—六八），羅馬皇帝，是史上知名的暴君。

孩子很樂意幫忙，他很開心自己終於找到了歸屬。他渴望地等待洗滌，對你微笑，也對自己微笑。

每個老師都在小說中讀過這種關於孤兒的天眞故事，這些成功案例會欺騙那些缺乏自省能力的道德主義者，讓他們以爲把孩子導向正途輕而易舉。教學匠喜歡這些故事，滿腔熱血的老師則會把功勞攬到自己身上，殘忍的老師在發現事情不一定如此順利時則會暴怒。有些人希望在所有的孩子身上都得到同樣的結果，於是他們加強遊說，另一些人則會加強控制。

◎

除了髒兮兮的孩子，我們也會遇見身上有傷或殘廢的孩子。有些傷是割出來的，不會留下疤痕，在乾淨的紗布下會自行癒合。抓傷的傷口就要等比較久才會好，而且會留下令人疼痛的傷疤，不可以去弄痛它。

人們說：孩子身上的傷在痊癒。他們想說的是：靈魂也是。

學校與孤兒院有許多小病小痛，也有許多誘人和討人厭的耳語，以及短暫和天眞無邪的小動作。若是孤兒院的氣氛健康、通風且明亮，那我們就不用擔心可怕的傳染病爆發。

康復的過程緩慢、美妙、充滿智慧。在血液、體液和組織中，藏著如此多令人敬佩的祕密。原本失靈的功能和受傷的工具現在又恢復機能，可以完成任務了。人類的成長就和植物一樣，有許多奇蹟，在心中、腦中、呼吸裡。只要有一點點感動或努力——心跳就變強了，脈搏就更有活力了。

這同樣的力量和堅強也可以在孩子的靈魂中看到。他們有道德的平衡和良心的提醒。人們說，孩子很容易被環境污染，這並非事實。

如今在學校也能修習教育學了，這是好事，可惜開始得太晚。如果你不明白身體平衡運作的機制，你就無法深入了解並尊重孩子行爲改善的祕密。

◎

缺乏專業素養的老師會把好動、有野心、有批判精神、喜怒無常但健康乾淨的孩子，和憂鬱、自大、不信任人、骯髒、容易被煽動、輕率、容易學壞的孩子混在一起。這些老師用他們不成熟、馬虎、膚淺的眼光看待這些孩子，以爲他們身上帶著可怕的、來自上一代的負擔。

（而我們大人不只知道如何馴化這些小孤兒，還知道如何利用他們。）

被迫和這些「壞」孩子在一起的健康孩子承受著雙倍的痛苦：他們會被傷害，並且被迫加入犯罪。而我們不是經常輕率地用連坐法，把責任丟到全部的孩子身上嗎？

然後，我們說：「孩子就是這樣，他們本性如此。」

這是我們對孩子的傷害中，最嚴重的一項。

◎

來自酒癮、暴力、瘋狂家庭的孩子。促使他犯罪的不是外在的回音，而是內在的命令。當這孩子了解到，他和別人不一樣，沒辦法，他是個殘廢，別人會詛咒他、狩獵他，他渾身都會打冷顫。他決心要反抗那驅使他犯罪的力量。對別的孩子來說，靈魂深處的平靜是與生俱來、輕易可得、稀鬆平常的，但對這孩子來說，則是要費盡艱辛、付出血淚才能獲得的獎賞。如果他願意信任人，他會尋求幫助。他熱切地乞求、懇求、要求：「救救我。」他會和人說他的祕密，他想要立刻、卯足全力、一次到位地改善自己的行爲。

這時候，我們應該做的是：小心翼翼，讓他輕率的本能踩剎車，讓他將改善的決定往後延。然而我們所做的卻是鼓勵他，甚至讓他加快速度。他想要得到自由，我們卻加強控制。他想要脫離泥淖，我們卻虛僞地挖坑給他跳。他渴望光明誠實，我們卻逼他躲藏。他給我們完美的一整天，而我們卻因爲一瞬間的惡否定他所有的努力。這麼做値得嗎？

他每天都會尿床，現在比較少了。他以前比較好，現在變壞了——沒關係。他癲癇發作的間隔變長了，現在比較少咳嗽了，肺結核的高燒也退了。他雖然還沒康復，但至少沒有惡化。醫生會把這當成是病情有起色的徵兆，你無法自欺欺人，也不能強迫他改善。

這些絕望、叛逆、輕視牆頭草和馬屁精的孩子，現在來到了老師面前。他們是唯一（也可能是最後）保留著神聖價値、拒絕虛僞的一群人。而我們竟然想要打擊、懲罰這群孩子。這是多麼血腥的犯罪啊！我們用飢餓和酷刑殘忍打擊的不是他們的反抗本身，而是他們竟然敢公開反抗我們。我們輕率地燒亮了我們對犯罪的憎恨和虛僞。

這些孩子還沒有放棄復仇，他們會先按兵不動，伺機等待。即使這些孩子相信世上有善良，他們也會把自己對它的渴望深深地、祕密地埋藏在心中。

「你們爲什麼要把我生下來？是誰要你們讓我活下來的？」

我現在要向你們揭示那最神祕、最艱難的智慧。面對犯錯、誤入歧途的孩子，我們只需要有耐心、善意的理解。犯錯的孩子需要的是愛，他們憤怒的反抗是有道理的。我們必須遺憾地放棄得來容易的善良，和孤獨、受詛咒的犯罪者站在同一陣線。如果不是現在，那要等到什麼時候，他才會獲得我們微笑的花朵？[2]

輔育院依然彷彿宗教裁判所，使用著中世紀的刑罰，那裡的老師也熱中於虐待和復仇。你們看不出來嗎？就連最乖巧善良的孩子也會同情最叛逆、不聽話的孩子。因爲乖孩子知道：壞孩子之所以壞，不是他們的錯。

2 這邊柯札克的意思是：乖巧聽話的孩子本來就會乖巧聽話，你不用做太多事來讓他乖巧聽話，柯札克稱之為「得來容易的善良」。但是，你不能用同樣的方法對待墮落、叛逆、犯錯的孩子，在這些孩子的情況中，善良得來不易，必須通過努力才能獲得。

後記

還在不久以前，一個順從體制的醫師會給病人吃甜或苦的藥糊，把發燒的病人綁起來，給他們放血，讓垂死的病患挨餓。[1]他會親切地對待有錢的病患，對窮人則冷冰冰的。

這情況一直持續到醫師開始要求改變——而改變也發生了。醫師給了孩子空間和陽光，不只如此，他們還讓孩子可以跑跑跳跳、去冒險、享受他人親切的服務、過真正的人生、在星空下露營、在火堆旁聊天。這一切的貢獻，都讓我們自慚形穢。

1 綑綁、放血、挨餓（飲食控制）……這些都是古代的傳統療法。

而我們這些當老師的人，爲孩子做了什麼？給了他們什麼？

我們只是看著孩子，不讓他們畫髒牆壁、弄壞家具。我們確保地板、院子和孩子耳朵的乾淨清潔，我們像養牛羊一樣看管他們，不讓他們遭遇危險、打擾大人的工作和假期。我們管理他們撕破的褲子和鞋子，小氣地不讓他們拿過多的食物。我們負責維護大人的特權，懶洋洋地執行大人那些愚蠢的、對孩子的要求。

我們是恐懼和警告的倉庫，是便宜道德的市集，是有毒知識的展示櫃。這知識不會讓孩子清醒、有活力、快樂，反而會讓他們膽怯、縛手縛腳、昏昏欲睡。我們是便宜善行的仲介，我們把尊敬和謙遜強加到孩子身上，用溫暖的感動討好大人。老師只拿那麼一點五斗米的錢，卻要來教育孩子，讓孩子對未來存有美好幻覺。但他們卻瞞著孩子，不讓孩子知道自己很重要，並且有權利。

醫生的使命是把孩子從死神手中救回，而老師的使命則應該是讓孩子享受生命，獲得權利，讓孩子當個孩子。

◎

研究者說，成熟的人憑動機行事，孩子則是憑衝動。大人有邏輯，孩子熱中幻想。大人有個性、守道德，孩子則陷於本能及欲望的一團混亂中。這些研究者沒有把孩子當成一個與大人不同的個體來看待，而是把他看成一個比較低等、脆弱、可憐、具有心理活動的生物。這些人彷彿以爲：大人都是有學問的教授。

而大人是複雜的存在，彷彿燉菜般無所不包。最外圍是各種觀點、信念和群眾心理，裡面則是迷信、習慣與父母輕率的行爲，從頭到腳都無法爲成人生活負責。他馬虎、懶惰、擇蠢固執、做事不經過大腦、充滿大人的狂想和瘋狂，喝了酒還會發酒瘋。

在此同時，孩子理性又穩定，守義務，有經驗（當然是他所經歷過的部分），會做出公正的判斷和評價，懂得如何克制要求，懂得觀察周遭的氛圍和他人的情緒，而且明辨是非。

每個大人和孩子下棋，眞的都會贏嗎？

◎

我們要求大人尊重孩子明亮的眼睛、平滑的太陽穴、年輕的努力和信任。大人們有著灰暗的眼神、充滿皺紋的額頭、粗糙的灰髮，會爲五斗米折腰，這其中哪一點會比孩子的特質更值得尊重？

日升日落，早晨和夜晚都會有禱告，人吸氣吐氣，心臟收縮放鬆。

士兵去打仗和歸來時，身上都有塵土。

新的世代正在成長，新的浪潮即將崛起，有優點也有缺點。就讓我們給他們長得更好的機會吧。和病態的遺傳對抗，我們是不會贏的。我們無法讓矢車菊長成麥子。

我們無法創造奇蹟——但我們也不想成爲江湖郎中。就讓我們放棄渴望擁有完美的孩子吧，那只是幻覺。

我們要求：消除飢餓、寒冷、潮濕、悶熱擁擠、人口過剩的環境。

大人啊，是你們創造出病態、負面的孩子，是你們的輕率、愚蠢和混亂造成了反抗和疾病。

◎

注意：現代生活創造出強大的殘忍人類——猛人。他會命令別人照他的規矩行事。他說要照顧弱勢、尊重老人、平等對待女人、親切照顧孩子，但這都只不過是謊言。在他的獨裁威權統治下，人類的感覺就像個無家可歸的小孩，到處流浪，像灰姑娘一樣髒兮兮。而孩子正是感覺的國王，是詩人，是思想家。

如果無法做到謙遜，那就讓我們至少尊重孩子純潔、明亮、無瑕的神聖童年吧。

當我再次是個孩子

Kiedy znów
będę mały

給大讀者

你們說：「我們受夠了和小孩在一起。」

你們是對的。

你們說：「因爲我們必須放低身段、彎下腰、蹲下身、把自己放在和他們同樣的高度。」

這你們就搞錯了。

讓我們疲累的不是放低身段，而是抬高身段。

我們必須往上爬、踮起腳尖、伸出手去觸摸，才能感受到他們的感受，才不會傷害他們。

給小讀者

在這個故事裡沒有有趣的冒險，我試圖在這裡寫一個關於賽琪的故事。注意哦，賽琪不是一個人，也不是動植物。我的故事裡倒是有動物，是一隻小狗，叫斑斑。[1]

在希臘語中，賽琪的意思是靈魂。

我要在這裡告訴你們人類的心理活動：他會想到什麼，又會感覺到什麼。

1在波蘭文原文中，作者玩了一個語言遊戲，他說，這個故事是心理小說（powieść psychologiczna），然後他又說：「是心理（psychologiczne），不是關於狗（psy）。」這是因為諧音而產生的趣味，在中文無法表達，所以轉化成臺灣讀者比較能理解的說法。〔原書無註解，本書註解均為譯註。〕

故事是這樣的

有一次我躺在床上沒睡。我想起，當我還小的時候，我常常在想，等我長大要做什麼。

我腦中會浮現各種計畫。

等我長大，我會幫父母蓋棟房子。

我會有個花園，我會在花園裡種樹：梨子樹、蘋果樹和李子樹。我還會種各種不同的花，這樣一種花枯萎的時候，另一種花就綻放了。

我會買許多書，有圖畫的和沒圖畫的都好，重點是要有趣。

我會買油漆和色鉛筆，我會畫畫、刷油漆。不管看到什麼，我都會畫。

我會細心照料我的花園，還會在裡面蓋涼亭。我會在涼亭裡放幾張椅子和扶手椅，讓涼亭爬滿蔓藤，這樣父親下班回家時，就可以舒舒服服地在陰影中乘涼。他會戴上眼鏡，然後讀報紙。

至於媽媽呢，她會養幾隻母雞。我還會建一個鴿舍，用木棍高高地架起來，這樣貓或其他動物就不會爬進去吃鴿子。

我們會有兔子。

我會養一隻喜鵲，並且教牠說話。

我會有一頭小馬和三隻狗。

我有時想要三隻狗，有時四隻，我甚至知道我要給牠們取什麼名字。不，還是三隻好了，每人養一隻。我的要叫貝卡斯，媽媽的狗和父親的狗就讓他們自己去取名字。

媽媽會有一隻可以放在房間裡的小狗，如果她寧願養貓，就讓她養貓，或是一隻貓，一隻狗。牠們會習慣彼此，用同一個碗吃飯。狗會有一個紅色項圈，而貓則是藍項圈。

有一次，我甚至問媽媽：「媽媽，紅色項圈給狗戴好，還是給貓戴好？」

媽媽回答：「你又把褲子弄破了。」

我問父親：「每個老人坐著的時候，腳下都要放一個小凳子嗎？」

父親回答：「每個學生都應該要考好成績，而不是在角落罰站。」

然後我就不再問了。後來，我都只靠自己想。

也許我會養幾頭獵犬。我會去打獵，然後把獵物帶回家給媽媽。我甚至會獵到野豬，但那是和朋友一起獵到的，我的朋友到時候也都長大了。

我們會去池子裡游泳，我們還會做一艘船，如果我父母想要，我會讓他們坐這艘船。

我會養很多鴿子，寫很多信，然後讓鴿子幫我寄信，牠們都是信鴿。

牛的情況也差不多，有一次，我覺得養一頭牛就夠了，另一次我則認爲要兩頭才夠。

當我們有了牛，我們就會有牛奶、奶油和乳酪。母雞則會下蛋。

之後，我們還會養蜂，牠們會帶來蜂蜜。媽媽會做李子果醬，還會把用不完的李子醃起來，這樣整個冬天都可以拿來招待客人。

我們會有一座森林，我可以一整天都泡在森林裡。我會把要用的東西都帶上，我會去採藍莓、野草莓和野蘑菇。我會把野蘑菇曬乾，之後可以用很久。

我還會劈很多、很多、很多的柴，整個冬天都可以燒，這樣我們的房子就會暖烘烘的。

我會挖一口很深的井，這樣就可以打到乾淨的泉水。但是除了以上這些，還有許多東西要用買的，像是鞋子、衣服啦。我父親那時會很老了，無法賺很多錢，所以我會負責賺錢。

我會拉著馬車，把蔬果和我們不需要的東西拿到市集上去賣。而我們需要的東西，我則會從市集上買回來。我會殺價，用最便宜的價格買到東西。

或者，我會把蘋果裝到籃子裡，用船載到遠方的國家去賣。溫暖的南國有許多無花果、椰棗、橘子，那裡的人已經吃膩了，他們一定會買我的蘋果，而我則會買他們的水果。除了水果，我還會帶回鸚鵡、猴子和金絲雀。

到最後我自己也搞不清楚，我是否相信這一切。但是在腦中編織這些計畫，是很有趣的一件事。

有時候我甚至知道，馬會是棕色的還是黑色的。比如說，我看到某匹馬，然後想：「喔，等我長大，我要養這樣的馬。」然後我看到另一匹馬，又想：「不，這匹比較好。」或者：「就養兩匹馬吧，一匹棕色的，一匹黑色的。」

等到我眞正長大後，一切又會完全不同。

我想，我會當個老師，我會召集人們，對他們說：「我們得蓋一所好學校，不要那麼擠，這樣孩子們就不會互相推擠，或踩到彼此的腳。」

孩子們來上學，我會問他們：「你們猜猜，我們要做什麼？」

一個會說：「我們要出去玩。」

另一個則說：「我們要看幻燈片。」

他們七嘴八舌。

我則說：「不，不。這所有的一切我們都會做，但我們要做一件更重要的事。」

等到他們安靜下來，我才會揭曉謎底：「我們要蓋一間學校。」

我想出了各種可能的阻礙。我想像，學校本來都要蓋好了，卻突然倒塌，或是發生火災。我們要重新再來，爲了爭一口氣，要蓋得比原先好。

我的想像中總是會有各種阻礙。如果我坐船出海，就會遇到風暴。如果我是司令官，一開始我會戰敗，最後才會打勝仗。

因爲如果所有的事一開始就很順利，那多無聊啊。

所以，我們的學校裡會有滑梯、許多圖畫、地圖、設備、體育器材和絨毛動物玩具。

放假時，孩子們會聚集在校門口，大吼：「請讓我們進去！我們不想放假，我們想上學！」

工友和孩子們爭辯，但是沒用。而我坐在校長室，一無所知，因爲我在寫各種文件……但是這時工友敲門，走了進來。

他敲了敲門，我回答：「請進。」

工友說：「校長，孩子們在鬧，他們不想放假。」

而我說：「沒關係，我這就去安撫他們。」

我走到校門口，一點都不生氣，而是對孩子微笑。我解釋：「放假的時候就該放假。老師們也需要休息，如果他們很累，他們就會生氣，對孩子大吼大叫。」

最後我們想出了折衷辦法：孩子們可以到學校的中庭玩，但是要自己顧好秩序。

關於長大後要做什麼，我有過各種各樣的想法。

有時候我想，我只要有父親和媽媽就好了。有時候我想，我會有個妻子，我們會組成自己的家庭。

和父母分開我會難過，所以我們會住在一起，只是用玄關隔開，父母住一邊，而我和妻子住另一邊。或者，我們會蓋兩棟房子，比鄰而居。老人喜歡安靜，他們午飯後就睡了。分開住，孩子們才不會打擾到他們，因爲孩子就是會蹦蹦跳跳、大吼大叫、發出許多砰砰咚咚的噪音。

孩子的問題讓我煩惱。因爲我不知道我只想要兒子，還是也想要女兒。我不知道要先生男孩，還是先生女孩好。

我的妻子可以像我的媽媽一樣，而孩子——我不知道。我希望他們愛玩鬧嗎？還是安安靜靜的？我應該允許他們做什麼？嗯，我希望他們不要去動別人的東西，不要抽菸，不要講髒話，不要打架，也不要太常吵架。

但是，當他們打架、不聽話、造成損害時，該怎麼辦？

他們是大孩子，還是小孩子？

我腦中有各式各樣的想法。

有時候我希望自己像米豪一樣大，有時像柯斯妥叔叔一樣，有時又和父親一樣。有時候我想要一直當個大人，但有時候我希望只當一下下。因爲也許我一開始會喜歡當個大人，但之後我又想變小了？

我就這麼想啊想的，直到我眞正長大。我已經有了手錶、鬍子、有抽屜的桌子，我有所有大人都有的一切。我也眞的當上了老師，但我感覺很糟。

我感覺很糟。

孩子上課不專心，我必須一直生氣。我有很多煩憂，我的父親和媽媽都不在了。那好吧。

我於是開始反向思考。

「如果我再次是個孩子，我會做什麼？不是眞的很小很小，而是上學、可以再次和孩子們一起玩的年紀。如果我突然醒過來，發現自己變小了，我會想：發生了什麼事？我是在做夢，還是這是眞的？」

我會看著我的手，一臉驚訝。我會看著我的衣服，一臉驚訝。我會跳下床去看鏡子。發生了什麼事？

然後媽媽會問我：「你已經起來了嗎？快點穿衣服，你上學要遲到了。」

如果我再次是個孩子，我想要記得、知道、會做所有一切我現在知道和會做的事。我希望沒有人猜到，我曾經是個大人。而我也會裝作什麼事都沒發生，我會假裝自己和大家一樣，有父親和媽媽，和所有人一樣去上學。這是最有趣、最好的情況。我會觀察大家，看到大家都認不出我來，我會在暗中偷笑。

◎

所以有一次我躺在床上沒睡，我在想：「如果我小時候就知道這一切，那我根本不會想要長大。當小孩比當大人好上百倍。大人一點都不快樂。大人根本就不能想做什麼就做什麼，大人的限制比小孩還要多。我們的義務比以前更沉重，煩憂也變多了。我們鮮少有快樂的想法。確實，我們現在不哭了，但那是因爲沒有哭的價值，我們只是沉重地嘆息。」

於是我嘆了一口氣。

我沉重、深深地嘆了一口氣。沒辦法，童年已一去不返。沒有人有辦法讓它回來。我不會再是個孩子，難過也沒有用。

但是當我嘆氣時，突然感到眼前一黑，什麼都看不到，只感覺到一陣煙霧，它還進入了我的鼻子裡。

「是誰？」

門發出咿呀的一聲。我嚇得半死。一道小小的光芒出現，看起來像星星。

小星星穿過黑暗，往我這裡飄來。它已來到我的床前，來到我的枕頭上。

我定睛一看，那星光是一盞小小的燈。而在我枕頭上則站著一個小人，頭上戴著一頂紅色的高帽，留著銀色的鬍子。嗯，這麼說他是小矮人，只是眞的很小——就像手指頭一樣小。

「我來了。」

他微笑著說，然後等待。

我也笑了，因爲我以爲我在做夢。大人有時候也會做孩子氣的夢，我們甚至覺得奇怪，自己怎麼會做這樣的夢。

而小矮人說：「你叫我來，於是我就來了。你想要什麼？說吧，只是動作要快！」

他甚至不是用說的，只是像鳥叫一般吐出這番話。他的聲音很小、很輕，但是我聽到了，也明白了。

「你叫我來，」他說：「現在你卻不相信我。」

然後他開始搖晃手中的燈，一下往左，一下往右。

「你不相信。」他說：「以前人們使用魔法，現在只有孩子會相信巫師、小矮人和精靈。」

他晃著燈，點著頭。而我嚇得連動都不敢動。

「說出你的願望吧，試試看，你會有什麼損失呢？」

我張嘴想問，而他已經猜到我要說什麼了。

「你用失落的嘆息召喚了我。人們以爲，咒語一定非得是語言不可，但不是，不是，不是！」

他點點頭，表示事實並非如此。他一下把重心放在左腳，一下放在右腳，看起來很好笑，手上的燈也跟著左搖右晃。而我已經快睡著了。我把眼睛瞪大，這樣才不會睡著，因爲現在睡著眞的很可惜。

「嗯，」小矮人說：「你看看，你眞的很頑固！動作快，因爲我要走了。我不能在這裡待太久，你會後悔的。」

我本來都要把願望說出口了，但我沒辦法。也許世上的規則就是如此：如果你只是渴望某件事，那你很容易說出口，但如果你眞的很想要，那就很難開口。

我看到小矮人憂心忡忡。我覺得很對不起他，但還是說不出口。

「好吧，那就別管它了，可惜。」

他已經轉身要走了，直到這時，我才很快地輕聲說：「我想再次當個孩子。」

他又轉過身，走回來，手中的燈直直照著我的眼。他說了一些什麼，但我沒聽到。我不知道他是怎麼離開的。當我早上醒來，我對這件事記得一清二楚。

我好奇地環顧房間。

不，我沒做夢。

這是眞的。

第一天

我沒告訴任何人我曾經是個大人，而是假裝我一直是個男孩。我等著，接下來會發生什麼事。我覺得又奇怪又好笑，但我靜觀其變。

我等著媽媽幫我切麵包，彷彿我不會自己切。媽媽問我作業寫了沒，我說寫了，但老實說我不知道。

一切就像是《睡美人》，但比那更糟。因爲在童話中，公主睡了一百年，但其他人和她一起沉睡，也和她一起醒來，廚師、蒼蠅、僕人……甚至連煙囪裡的火也是。而我醒過來，卻和周遭的一切格格不入。

我看了看鐘，但很快別過頭，這樣才不會露出馬腳。因爲或許我這時候還不會看鐘？

我很好奇，學校會是什麼樣，我會遇到什麼樣的同學。他們會注意到什麼嗎？他們會以爲我已經上學很久了嗎？好奇怪，我竟然知道我要走哪條路、去哪間學校。我甚至知道，我們班在二樓，而我坐第四排靠窗的位置，我旁邊坐著的是蓋葉夫斯基。

我精神抖擻地走著，大力搖晃雙手。我睡了個飽，渾身輕盈，和我當老師的時候完全不同。我四處張望，用手去敲街上的金屬招牌，我不知道自己爲什麼這麼做。天氣好冷，口中呼出的氣都變成白煙了。我故意呼氣，這樣就會有更多白煙。我突然想到，我可以吹口哨，發出像汽笛一樣的聲音，口噴白煙，用跑的而不是用走的，就像一輛火車。但是我覺得丟臉。嗯——可是爲什麼呢？我想再次當個小孩，不就是爲了過得開開心心嗎？

我不能馬上就這樣做。我必須先觀察情況，之後就可以做我想做的事。男孩和女孩都在走，大人也在走。我仔細看著，想看看誰比較興高采烈。但是大家都很平靜。沒錯，在街上不能玩耍。再說，他們還有點昏昏欲睡，我則不同了，今天是我再次成爲孩子的第一天，所以我超開心的。

然而我感覺好奇怪，彷彿我爲著什麼事覺得丟臉。

沒什麼，第一天總會如此。之後我就會習慣了。

然後，我看到了一輛大馬車，馬兒沒辦法把車子往前拖。看來，牠的馬蹄鐵上得不好，因爲牠的腳一直打滑。幾個男孩停下來看，我也停了下來。

「牠到底能不能走？」我搓著耳朵，跺著腳，因爲我快凍僵了。我希望馬車可以往前走，希望這件事可以趕快結束……但是沒看到它走之前，我不想離開。這是很吸引人的一幕：因爲馬可能會跌倒，那時馬車夫會怎麼做？如果我是個大人，我會無動於衷地走過，或者根本完全不會注意到這一幕。現在我是個孩子，所以這很吸引我。

我看到大人只是把我們從路上推開，因爲我們擋到了他們。他們幹嘛這麼急？

嗯，算了。馬車最後終於動了，我也往學校走去。

我把大衣掛在班上的衣架，同學們已經在討論，維斯瓦河[1]結冰的事。

「昨天晚上結冰的。」一個說。

另一個說，不可能。他們開始吵架，正確來說，他們不是在吵架，只是在拌嘴。

一個說：「你們看看他！氣溫才下降幾度，他就說維斯瓦河結冰了！待會他就會說有浮冰了！」

「才不會有浮冰，結冰哪會有浮冰。」

「欸，你插什麼嘴！」

另外幾個人也加入了。大人們一定會說，孩子在吵架。是沒錯啦，因爲一個會說：「你這笨蛋！」另一個說：「你這蠢材！」他們從維斯瓦河吵到下雪，講著到底會下，還是不會下？有人說，煙囪的煙往上飄，所以不會下雪。另一個說，你看麻雀就知道會不會下雪。還有一個人說，他看過氣壓錶。

然後又開始了：「你這笨蛋！」

「你又有多聰明啊！」

「你說謊！」

「你才說謊！」

不是所有人都在吵，因爲有些人在旁圍觀，他們自己不說話，只是聽。

我也在聽，然後想起來，大人們也經常在咖啡廳吵架，只是吵的主題不是雪，

1維斯瓦河（Wisła）是波蘭最長的河流，發源自波蘭南部喀爾巴阡山脈，最後注入波羅的海。

而是政治。但是兩者看起來完全一樣。甚至他們說的話也一樣。大人說：「我和你打賭，總統絕對不會請辭。」而孩子說的是：「我和你打賭，絕對不會下雪。」

大人不會說：「你這蠢材，你說謊。」他們吵起架來沒那麼粗野，但也會有很多噪音。

我就那樣站著，突然柯瓦斯基進來了。

「欸，你寫了作業嗎？借我抄一下。昨天我們家有客人，也許老師會檢查。」

我一言不發，只是把書包裡的東西拿出來攤開，看看筆記本上有什麼，彷彿那不是我的作業，而是另一個男孩的，是他幫我寫了昨天的作業。

這時上課鐘響了。柯瓦斯基沒有等我同意，就把我的作業搶過去，拿到自己桌上。我突然想到，如果他一字不漏地照抄，老師可能會以爲是我抄他的，然後會叫我去角落罰站。

我會在角落罰站，這件事讓我覺得很好笑。

維斯涅夫斯基問我：「你在笑什麼？」

「我想起一件事。」我說，然後繼續笑。

「神經病。自己在笑，卻不知道在笑什麼。」

我說：「神經病或不是神經病都好。也許我知道我在笑什麼，只是我不告訴你。」

他說：「哼，你搞什麼神祕。」

然後他就氣呼呼地走了。

我很驚訝，我竟然知道他們叫什麼名字，雖然我是第一次見到他們，他們也是第一次見到我。彷彿就像在夢中一樣。

這時老師進來了，柯瓦斯基也沒把我的作業還我。我小聲叫：「柯瓦斯基，柯瓦斯基！」但是他沒聽到，不然就是假裝沒聽到。這時老師說：「你在那邊幹嘛？乖乖坐著！」

我於是想：「唔，我在學校第一次被老師罵了。」

我坐立難安，因爲作業不在我手上。

我縮起身子，躲在我前面的人身後，等待接下來會發生什麼事。

我很怕。害怕令人不舒服，如果我是個大人，我根本不會怕，那時候沒有人會抄我的作業。但我現在是學生，同學請我給他抄，我不能拒絕。如果我說不，他就會說我沒用，自私自利。他會說我是「狡猾的傢伙」，只想要老師稱讚我一人，說我寫得很好。

也許我會是班上最會念書的學生，因爲我已經上過一次學了。我確實忘了一些東西，但複習是一回事，學全新的東西又是另一回事。

老師在解釋文法，這我早就會了。老師叫我們寫字，我兩三下就寫好了，然後就這麼坐著。老師注意到我沒在寫，於是問：「你爲什麼不寫？」

我說：「老師，我已經寫好了。」

「那就給我看看你寫了什麼。」老師說，但是她的聲音傳達出不耐。

我也不喜歡我叫學生花一節課的時間寫，然後他們三兩下就寫好。因爲老師想要只出一個作業，就可以撐到下課鐘響，但學生急著寫完，這樣就可以講話。

所以我走到老師面前給她看。

「你寫得很好，但是你犯了一個錯。」

「哪裡？」我假裝驚訝地問。

我故意寫錯，這樣老師就不會猜到，我已經上過學了。

老師說：「自己去找出你哪裡錯了。如果你不是那麼急，你就可以寫得很完美。」

我走回座位，然後開始假裝找錯。我假裝看起來很忙，我必須慢慢地寫作業，但只有一開始如此。之後，當我成爲全班第一，老師就會習慣我的優秀了。

但是我開始覺得無聊了。這時老師問：「你找到錯了嗎？」

我說：「找到了。」

「給我看。」

老師說：「沒錯，就是這裡。」這時鐘響了。

鐘一響，下課時間就到了，可以稍作喘息。值日生趕我們出去，也把窗戶打開。

我現在要做什麼？和其他男孩一起追逐嬉戲，感覺有點怪，但是我試著和別人一樣。

好開心，好快樂。噢，眞開心！

我已經好久沒有跑步了！

我年輕的時候，不能和朋友追逐嬉戲，但我會跑去追電車或火車。有時候，我會在朋友家和孩子們一起玩鬧。我會假裝要抓他們，然後他們會逃跑。嗯，我那時還年輕。後來我就不去追電車，也不追火車了。電車跑了又怎樣？我還可以搭下一班。後來，我就算和孩子玩抓人的遊戲，也只會跑個幾步，然後停在原地跺腳，嚇唬他們。他們跑啊跑的，然後從遠處回頭看我。或者他們會繞著圈子跑，而我站在中間轉圈，假裝會去抓他們。他們以爲，只要我想要，就可以抓住他們，因爲我是大人。但我無法，因爲雖然我有力氣跑，可是馬上就會氣喘吁吁、心跳加速。是的，我連爬樓梯都要慢慢爬了，如果樓層很高，我還要在中途停下來休息。

而現在：我加速奔跑，跑得空氣迎面撲上我的臉，在我耳邊呼嘯。我出了好多汗，但一點都不打緊。好開心啊！好痛快！我甚至高興地邊跑邊跳，大喊：「當個小孩眞——好！」

一喊完，我立刻害怕地東張西望，怕有人聽到。如果我這麼開心，他們可能會猜到我並非一直都是個小孩。

我跑得飛快，眼前的景色都在閃動。確實，我跑得很累，但是只要停下來喘幾口氣，又可以開始跑了。我已經休息夠了，現在——衝刺！

眞好，我又能四處飛奔，而不是拖拉著腳步，緩慢移動。

噢，好心的小矮人，我多感謝你呀！

因爲對我們小孩來說，跑步就像是騎馬，是和風賽跑。跑步的時候，我們什麼也不想，什麼也不記得，甚至什麼都看不到——只感覺到生命力，飽滿的生命力。我感覺到身體裡充滿了空氣，四周也都是空氣。

我一下追人、一下逃跑——什麼都好，只要往前衝！

我跌了一跤，摔痛了膝蓋。然後，上課鐘聲響了。

眞可惜。如果可以再跑一下就好了，即使只多一分鐘。

「看誰跑得快，是你還是我？」

我的腳已經不痛了，再一次，風打在我臉上、眼睛上。我又跑得像個瘋子，爲了爭第一。我奇蹟似地閃過身邊的男孩們，沒有撞上任何東西。我跨過門檻，手抓住扶梯，三步併作兩步地往上爬。我沒往後看，但知道我遙遙領先。我贏了！

然後——我在狹窄的走廊上和校長撞了個滿懷！他差點沒摔倒。

我是有看到校長站在那裡，但那時我已經來不及煞車了，就像火車、汽車或電車司機一樣。現在我才明白，人們對孩子的指控很不公平。你可以說孩子冒了險或說他們運氣不好，但不能說這是他們的錯。或許我眞的已經忘記怎麼跑步了？我的老天——已經過了這麼多年！這麼多年！

我本來可以躲進男孩們之間的，因爲大家都在跑。但是，今天是我重返校園的第一天。

所以我像個笨蛋站在那裡，甚至沒說：「對不起。」校長一把抓住我的領子，猛力搖晃，連我的頭都在晃了。他氣得七竅生煙。

「你這搗蛋鬼，你叫什麼名字？」

我嚇得半死，心跳加速，一個字都說不出口。他知道我不是故意的，既然如此，他就該原諒我。但是我怎能這麼用力地撞上他呢？他可能會跌倒或受傷。我想要說一些話，但是我全身都在顫抖，舌頭彷彿被人拔掉了。

校長再次搖晃我，大吼：「你到底說是不說？我問你叫什麼名字！」

我們身邊聚集了一群人，大家都在看，看得我很不好意思。這時老師來了，叫大家趕快進教室。只剩我一個人，我低下頭，像個罪犯。

「到我辦公室來。」

我小聲說：「校長，請讓我解釋。」

而校長說：「你還有什麼好說的！我問你叫什麼名字，你爲什麼不一開始就告訴我？」

我說：「因爲我覺得不好意思，大家都在看。」

「那你在走廊上橫衝直撞，你就好意思了？明天和你母親一起來學校。」

我開始哭，豆大的眼淚從我眼中滾出來，鼻子裡面也濕濕的。

校長看著我，他看起來有點不忍心。

「你看吧，」他說：「玩過頭不是件好事，因爲之後就會哭哭啼啼了。」

如果我現在道歉，我知道他會原諒我。但是我不好意思道歉。我本來都要說：「校長，請你用別的方式懲罰我吧，因爲我不想讓媽媽擔心。」但是我沒辦法說出口，眼淚干擾了我。

「好啦，去教室吧，已經上課了。」

我鞠了一個躬。走進去時，大家都在看我，老師也在看。馬利斯基從背後推了推我，說：「欸，怎麼樣啊？」

我什麼也沒說，他又說：「他對你說了什麼？」

我很生氣，他幹嘛來煩我，這干他什麼事？

老師說：「馬利斯基，上課請不要說話。」

看來，老師也希望他不要來煩我。老師知道我在擔心，所以整堂課都沒問我問題。

而我坐在位子上想事情。我有好多事可以想。我呆呆坐著，沒在聽課，不知道老師在臺上講什麼。這堂是算術，孩子們走到黑板前寫算式，然後又擦掉。老師拿起粉筆，對學生解釋著一些什麼。我簡直比聾了還糟糕，因爲我什麼都聽不到也看不到。甚至我也沒在假裝專心，老師一眼就可以看出我心不在焉。她一定是個好老師，因爲其他老師可能會生氣地把我叫起來回答問題。現在我知道，孩子只要一件事出錯，其他事都會搞砸。因爲他們馬上就會對自己失去信心。我們應該要這樣對待孩子：如果一個人對孩子大吼，另一個人應該稱讚、鼓勵孩子、逗他開心。我們有必要對孩子大吼嗎？我怎麼知道？也許要，也許不要。

當我還是老師的時候，我是怎麼對待孩子的？看情況。嗯，現在情況是這樣：我突然撞到了校長，然後他突然揪起我的領子。他有別的選擇嗎？他氣得半死，然後又平靜了下來。他原諒我了嗎？

他說：「去上課。」

我不知道，明天到底要和媽媽一起來，還是不要。

我想著：「我才當小孩幾個小時，就經歷了那麼多。我兩次嚇了個半死：一次是有人拿走了我的作業，讓我很不高興。第二次是我撞到了校長。這件事還沒解決，我也不知道該怎麼辦。」

當有人揪著我的領子，彷彿我是小偷，我覺得丟臉得要命。但是大人不小心撞到人的時候，沒有人會揪著他們的領子、搖晃他們啊。確實，大人走路比較小心，但他們還是有可能會撞上別人。

但大人是允許小孩奔跑的。如果小孩可以奔跑，那是誰應該要更小心？是我，一個小男孩，還是有經驗的教育者？

好奇怪，當我是個大人時，我從來沒想過這件事。

我才當小孩幾個小時，就第一次流下眼淚了。雖然沒有很久，但我還是哭了。即使是現在，當我的眼淚乾了，心裡還是好難過。

還不只如此呢。我剛剛還跌倒了。我拉下長襪，檢查膝蓋：破了一塊皮，雖然沒流血，但會痛。或者，甚至還不算痛，只是有點疼。剛才我沒感覺，但現在當我坐在這裡擔心，我就感覺到了……

我才當小孩兩個小時，老師就警告我，叫我不要動來動去，要好好坐著。如果她知道我把作業借人抄，她會怎麼做？如果她現在對我說：「重複一遍我剛剛說的。」那會怎樣？

我心不在焉。沒錯，我心不在焉。而在教室，你不只得安安靜靜坐著，還得專心聽課，知道周遭發生什麼事。

所以我是個騙子，莽莽撞撞，不專心，這一切都是因爲，我又成了一個孩子。如果是這樣，也許當個大人還比較好？

我又開始同情路上看到的那匹馬。牠的馬蹄鐵沒有裝好，這就是爲什麼牠無法好好拉馬車。而馬車很重，牠的腳都在地上打滑了。

我想了一下這匹馬的事，然後思緒又回到自己身上。

「當我還是大人的時候，我有過得比較好嗎？也許校長會原諒我？從今以後我會在走廊上小心走路。也許今天晚上眞的會下雪？我眞的好想念雪啊，它彷彿是我的親兄弟。」

此時，我正看著窗外，狂風大作，雲朵遮住了陽光。我不記得他們最後是否眞的有打賭今晚會不會下雪。我想著，在美國大人們也很喜歡用各種事來打賭。

也許孩子和大人並沒有這麼不同，只是他們感受現實的方式不同，權利也不同？

窗外的雲越來越厚了，而且黑黑的。我又想到：「孩子就像是春天。要不就是陽光普照，一切都很美麗愉快；要不就是突然狂風暴雨，打雷閃電。而大人則像是在霧中。憂鬱的霧將他包圍，他沒有大悲也沒有大喜，整個人都灰暗肅穆。我記得很清楚。我們的喜悅和憂愁就像風一樣來得快去得快，而在大人身上，情緒就只是飄浮、纏繞在他身邊。我記得很清楚。」

我喜歡這個比較。沒錯，即使我可以變回大人，我也寧願試著再次當個孩子。

我覺得好平靜、好愉快。如此寧靜，好像晚上去田野散步，風涼涼地吹在臉上，彷佛有人用手輕輕拂過。天空滿是繁星，大家都睡了，你只感覺得到田野和森林的氣息。

這一個小時很快就過去了。如果我再次成爲老師，我再也不會把擔心受怕的學生叫起來回答問題。就讓他好好想想、平靜下來，就讓他好好休息。

鐘響的時候，我還因爲突然從思緒中驚醒而抖了一下。

一下課，其他學生馬上就來煩我了。

「你爲什麼哭？校長說了什麼？」

大人總是叫我們不要打架。他們以爲我們是因爲喜歡打架才打架。確實啦，有些強壯的孩子會去欺負弱者。我們會閃避這些人，對他們讓步，但這只會讓他們更加狂妄自大。當他們太過分，就該給他們點顏色瞧瞧。還好，這種人不多。他們就像是孩子群中的毒藥和詛咒。好笑的是，大人們經常會把這一小群人犯的錯，算到所有人頭上。大人們不知道，這些人就像焦油一樣黏膩煩人，他們的挑釁會讓最溫和的人陷入暴怒、絕望。

嗯，我是很擔心啊。我差點把校長撞倒在地，誰都猜得到他對我說了什麼，那幹嘛還要問？

「喂，怎麼樣啊？」

一個人問那還算好，但才不止一個呢。你好不容易擺脫一個，第二個就馬上擠過來，然後又重來一遍。他們明明看得出來，我不想談這件事。現在來了一個我不認識的男孩，我根本沒和他講過話，但連他也問：「你撞到了校長，他叫你和母親一起來學校嗎？」

他們不許我安安靜靜地難過。直到我的難過變成憤怒，他們才會停手。

我平靜地拒絕了第一個人，不耐煩地和第二個人說：「走開。」而第三個，我則對他大吼：「滾！」

然後我推了第四個人一把。

這時，維斯涅夫斯基來了。他早上就罵我是「搞神祕的」和「神經病」，而現在他則想要我回答他的問題。

「怎樣啊？你幹嘛哭？他狠狠罵了你一頓嗎？你應該和他說是別人推你的。」

「你想要說謊的話，就自己去說。」我說。

我馬上就後悔自己說了那句話。

「喔喔！他好誠實喔！欸，你們來看看，我找到一個誠實的孩子耶！」

我想離開，但他不讓我走。

「等等，你急什麼急？」

他不讓我走，跟到我身邊，推了我一下。

我也回推了他，然後他又推了我更多下。

「你可不要這樣推我喔，學校又不是你家開的。你以為老師稱讚你，說你只犯了一個錯，你就可以愛打誰就打誰啦。」

一開始我根本不知道他在說什麼，但後來我就明白了。

我已經走到門口了，但他還是不讓我出去。

「小寶寶！」他說：「小寶寶哭哭囉，愛哭鬼，像女生！」

他還想用他的髒手來摸我的臉。

我本來已經掄起拳頭了。這個維斯涅夫斯基很有力氣，但是我已經氣到不顧一切。會怎樣就怎樣吧，真的開打的話，他也得吃我幾拳的。

但是我突然停下來想：校長如果剛好經過，看到這一幕，他會怎麼想？他一定會認爲是我的錯。畢竟我已經闖過一次禍，現在又來一次，他肯定會記得我的。之後要是發生什麼事，他一定會想到我。因爲我會成爲他心目中的搗蛋鬼：「我已經記住你了，你不是初犯哦。」

當我還是老師的時候，我不是也這麼和學生說過嗎？

幸好，這時老師進來班上查看是否所有人都出去了。

「孩子們，離開教室吧，去外面跑一跑。」

而那個不要臉的傢伙竟然還敢告狀：「老師，我想要出去，但是他不讓我出去。」

這傢伙讓我噁心到我想吐口水在他臉上。

「好啦，出去吧，快點！」

他瞇起一隻眼，像是小丑一樣歪了歪嘴，大步踏了出去，而我則跟在他身後。

我沒有到中庭裡去，只是在一旁等待下課時間結束。

孟德克走了過來，看了我一下，然後低聲說：「你不去和大家一起玩嗎？」

我說：「我不想。」

然後他又站在旁邊觀察，看我是否想和他說話。

他和其他人不同。我於是對他說了事情經過。

「我不知道校長會不會原諒我。」

孟德克想了一下。

「你得去問問。他是生氣才會那樣說的，當他走回校長室，一定會忘了這件事。」

下一堂是繪畫課。

老師說我們可以愛畫什麼就畫什麼：樹葉或冬天的景色都好，或是任何主題。

我拿起筆，想著：要畫什麼好呢？

我從來沒學過畫。我長大後，也不是很會畫畫。我第一次當學生的時候，學校並不是很好，規定很嚴格，而且課程很無聊，大人什麼都不准我們做。那裡既陌生，又冰冷，又悶，每次我在夢中夢到它，醒來的時候總會流一身汗，然後很慶幸那一切只是夢，不是眞的。

「你還沒開始嗎？」老師問。

「我在想要怎麼開始。」

教畫畫的老師有淺色的頭髮和和善的微笑。她看著我的眼睛說：「嗯，那就好好想吧，也許你會想到什麼美麗的畫面。」

我自己都不知道爲什麼，但是我說：「我要畫以前學校的樣子。」

「你知道以前的學校長什麼樣子嗎？」

「我父親告訴過我。」

我畢竟不能告訴她實話呀。

「好。」老師說：「那一定會很有趣。」

我想著：「到底會不會成功？反正，這些孩子也不是很會畫畫啊。」

我畫得笨手笨腳——但是沒關係，頂多也只是被笑而已，就讓他們笑吧。

有些圖畫是由三幅畫組成的：一幅在中間，另外兩幅在旁邊。每幅畫的內容不同，但它們會形成一個整體，這樣的圖畫叫三聯畫。

我把畫紙分成三等份。在畫面中央，我畫了下課時間，男孩們在追逐嬉戲。有一個人闖了禍，因爲老師捏著他的耳朵，他在掙扎、哭泣，那個抓著他的老師則用某個看起來像馬鞭的東西抽他的背。男孩把雙腳抬了起來，整個人彷彿懸在空中。其他人在看他，他們低著頭，什麼都不說，因爲他們很害怕。

這是中間的畫面。

而在右邊，我畫了班上的情景：老師手中拿著尺，正在打學生的手心。只有一個第一排的馬屁精在笑，其他人都很難過。

而在左邊的畫面中，則是眞的用細棍[2]打了。一個男孩趴在椅子上，工友捉著他的腳。留著鬍子的書法老師舉起了手，手中拿著細棍。這畫面如此冰冷，看起來像在監獄，我把背景畫得很陰暗。

我在畫面上方寫：「三聯畫——從前的學校。」

當我八歲的時候，我的學校就是長這樣。那是我的第一個學校，叫作：預備學校。

我記得有一個男孩就被細棍打過，是書法老師打的。只是我不記得，老師的名字是克赫，學生是諾維斯基，還是學生是克赫，老師是諾維斯基。

我那時眞的很恐懼。我彷彿以爲，只要老師打完了他，就會來抓我。我覺得非常羞恥，因爲老師把他的褲子脫下來，就在全班面前打他的光屁股。他不教我們怎麼寫書法，而是讓我們看他打人。

後來，我對那男孩和老師都感到噁心。之後，只要有人生氣或大吼，我馬上就會等他們打人。

那個叫克赫或諾維斯基的男孩很愛搗蛋。有一次他當値日生，本來他應該拿擦黑板的海綿去井邊洗，但是他卻在上面撒尿，而且還到處去和人說嘴。

老師進來了，叫人拿海綿擦黑板，沒人想擦，所以老師生氣地自己拿起來擦。我不知道是因爲大家開始笑，還是有人告訴老師，總之事跡敗露，他就被打了。

我那時候年紀還很小，才剛開始在那間學校上學。但是這件事我記得清清楚楚，細節歷歷在目，彷彿它昨天才發生，而那些感覺也都還留在我體內。我奮筆疾「畫」，鉛筆彷彿在我手底下飛舞，連我自己都覺得驚訝。

學生的頭很小，但是我努力讓每張面孔都不一樣，讓看畫的人可以看到每個學生的表情。一個人用手托腮，另一個人站著。我也畫了自己，但是沒有在第一排。

我畫著畫著，耳根都發燙了，彷彿在奔跑。

2細棍（rózga），是一種用細樹枝（一根或好幾根）做成的棍子，打起來很痛。

我靈感大發地作畫。

我已經當過一次大人，所以知道什麼是靈感。米茲凱維奇在〈即興〉[3]中寫過關於靈感的事，預言家也是在靈感中完成預言。

靈感來的時候，原本困難的工作，突然都變得容易了。靈感來時，不管你是畫畫、寫作、剪紙還是做手工藝，都十分愉快。那時，所有的一切都進行得很順利，你甚至不知道自己是如何辦到的，彷彿這件事是自己完成的，或是有人幫忙，你只是在旁邊看。當作品出爐，我驚訝地看著，彷彿那不是出自我的手筆。那時候，我總是覺得很累，但很快樂，一切都如此順利。

現在，我就有作畫的靈感，我完全不知道身邊發生了什麼事。

我認爲，孩子們經常有靈感，只是大人老是干擾他們。

比如說，你在講一件事，或是在朗讀，或是在寫東西，事情進行得很順利，或是你馬上就明白要如何解題。即使你有犯錯，但那錯誤不算是錯誤，或是很小。可是大人突然就打斷了你，要你修正、重複、再加一點東西、解釋一下你在幹嘛，然後所有的一切都在瞬間全毀了。你很生氣，你已經不想做了，再做也沒有像原先那麼順暢了。

靈感就像是人和神的對話，沒有人能夠打斷，因爲你必須獨自一人，看不到也聽不到外在的世界。

現在我的情況就是如此。老師站在我身後看我畫畫，而我毫無反應，只是在修改我的畫作。我只改了一個線條、一個點，整幅畫就看起來比之前更棒了。

老師一定在我身後站了很久，只是我沒注意到她。

現在，我從遠處看這張圖，再次加了一點東西，只是更小心。因爲如果我修改太多，可能會破壞整張畫。而且我也累了。突然我感覺到有人在身後，我抬起頭，看到老師在微笑，她把手放到我的臉頰上。

我不喜歡有人摸我。但是老師的手很涼、很軟。她對我微笑。

「你怎麼知道這是三聯畫？」

「我知道，因爲我在畫作、明信片上還有教堂裡看過。」

---

3 亞當・米茲凱維奇（Adam Mickiewicz，一七九八—一八五五），十九世紀的波蘭作家／詩人，被視為愛國象徵。〈即興〉（Improwizację）是詩劇《先人祭》（*Dziady*）的其中一個段落。

我結結巴巴，我的臉於是變得更紅了。這時，老師問：「我可以看看嗎？」

我把筆記本交給她，說：「可以。」

老師看著我之前畫的畫，以及剛畫好的部分。而那個維斯涅夫斯基又從座位上站起來，擠過來看我的畫，然後說：「三聯畫。」

我很怕老師會開始給大家看我的畫，然後說我畫得很好。她應該明白，在這樣的群體中，總會有愛嫉妒的人和小丑，他們會來煩我、笑我。老師確實明白這一點，因為她叫維斯涅夫斯基回座位，而對我，她只說：「好，你現在休息一下吧。」

她把筆記本闔上，然後小心地把它放在我前排的桌子上。

她小心、整齊地放好。

我馬上想到，如果我再次當上老師，我一定不會再把學生的作業隨便丟在桌子上，也不會用粗粗的線條幫他們改錯，用力到墨水都噴了出來。我會小心地、整整齊齊地把他們的作業放好，就像我眼前的這位老師一樣。

我沒休息很久，因為很快就下課了。我得去校長室，但是校長站在門邊，所以我停了下來。老師也在那裡，我於是站在一旁等待，不知道該說什麼好。然後，工友又過來了。
我己經說了兩次：「校長……」但我知道他沒聽到我，因爲我很小聲。必須說話，但又不好意思說，這眞令人不舒服啊。
他們在談自己的事，我沒聽到內容，不知道他們在談什麼。但是校長轉過身對我說：「去六年級的教室看看地球儀在不在，動作快！」
這時他才看清了我，想起剛才發生的事，於是對我說：「只是別再撞到人了！」
我跑到六年級教室，那裡一個男孩對我喊：「走開！你來這幹嘛？」
「地球儀在這裡嗎？」
「你要它幹嘛？」
然後他推了我。我明明在趕時間，他還推我。我撥開他的手，說：「校長叫我來問的。」
另一個男孩沒聽到我的話，對我吼：「小鬼，你還在這啊？快滾！否則我們打得你滿地找牙！」
我已經不知道如何是好，於是又喊了一次：「校長！……」

「校長怎樣？」

「校長問，地球儀是不是在這裡？」

「這裡什麼都沒有，聽懂沒？」

他敲了我的頭一下，然後砰地一聲關上門。

我只好回去了，但我也不知道地球儀是否眞的不在那裡。

「他們說地球儀不在那裡。」我說。

幸好，這時候一個學生已經把地球儀帶回來了。校長發現地球儀壞了，十分生氣。我沒辦法和校長說我的事，但我不想把這件事就這樣放著。於是我絕望地扯了扯老師的袖子。或者說，我其實沒有扯，只是輕輕地拉了一下，然後小聲說：「老師……」

老師馬上就聽到我了。她跟著我往旁邊走了幾步，彎下腰。

「你想要什麼？」

我於是更小聲地說：「請老師跟校長說，不要叫媽媽來。」

我的聲音是如此地小，彷彿在耳語。因爲當個小孩是件很不方便的事。你總是得一直仰著頭……所有的事都在比你高的地方發生，在你掌控之外。

那時候，小孩會覺得自己不重要、被貶低、很脆弱、彷彿迷失。也許這是爲什麼我們喜歡在大人坐著的時候站在他們身旁，這樣子，我們就可以看見他們的眼睛。

「校長爲什麼要你媽媽來？」

我不好意思說（但我不知道我在不好意思什麼）。說這件蠢事有多丟臉啊！

我低下頭，老師又把身子彎了一彎。

「如果我不知道發生了什麼事，我就沒辦法去拜託校長。我得知道，你闖了大禍嗎？」

「不。」

我自己也不知道，我闖的禍算大還是小。

「嗯，那就告訴我吧。」

也許，我們小孩不喜歡把事情告訴大人，是因爲我們和大人說話時，他們總是匆匆忙忙。他們總是表現出一副不在乎的樣子，他們說話，只是爲了把我們打發掉、好讓自己脫身。當然啦，他們自己有重要的事得處理，而我們也有自己的事。所以我們很努力地長話短說，這樣才不會讓他們心煩。既然我們的事不重要，那就讓他們回答「好」或「不好」就行。

「我在走廊上跑的時候，跌了一跤，撞上了校長。」

「你打到他了嗎？」

「沒有，只是我的手撐在他的肚子上。」

「是腹部。」老師糾正我。

她對我微笑。

於是，事情很快就解決了。我想著「謝謝老師」，然後就回到教室。我甚至沒有敬禮。我一定很沒禮貌。但是算了，還好事情結束了，我現在可以安心坐在位子上。

最後一堂課，地理老師讀關於愛斯基摩人的文章給我們聽。愛斯基摩人住在用雪做的房子裡，而他們的冬天持續半年。這些雪屋叫作「伊格魯」，你可以在裡頭生火，但是天氣必須很冷才行，不然雪屋會融化。

當我還是個大人的時候，我也知道關於愛斯基摩人的事，甚至比現在還多。但我那時一點都不在乎。我甚至沒想過，愛斯基摩人是否眞的存在。現在情況就不同了，我覺得愛斯基摩人好可憐。

我的眼睛應該是看著老師的，但我卻看見了冰原——不，我什麼都看不見，沒有灌木，沒有松樹，沒有草地，只看得到冰和雪。然後夜晚來臨了，風呼呼地吹，四處一片黑暗，偶爾才有極光。我感到全身冰凍，心中十分難過。可憐的愛斯基摩人！他們的生活好冰冷，在我們這裡，即使是再窮苦的人，都有太陽可以曬呀。

老師朗讀時，教室裡一片安靜。有一次，有人在後面小聲弄東西，老師甚至沒看他一眼。但是我們立刻回頭瞪他了。這蠢蛋對愛斯基摩人不感興趣就算了，那也不要打擾別人呀！再這樣試試看，就給你好看！

大家都專心地看著老師，一動也不動，甚至連眼睛都不眨一下。他們一定也看見了我所看見的，也就是覆滿冰雪的平原。

眞可惜，地理課不是在繪畫課前，如果是那樣，我就會畫得更好了。我會把男孩們的眼睛畫得更傳神，雖然那時候大家眼睛盯著的是細棍。現在他們的眼中充滿夢想，而那時則充滿恐懼。

我拿出自己的筆記本，看著我的三聯畫，然後不再專心聽講。同情可憐的愛斯基摩人，讓我有點疲倦了。

眞好，我又是個孩子了。眞好，我不是愛斯基摩人，也不是中國人。有那麼多孩子在世上受苦：吉普賽人、中國人、黑人。這世界眞是奇怪。爲什麼有人一出生就是黑人？爲什麼一開始人是個小孩，然後是大人，最後是老人？人出生，然後死去，人都會死。

突然，班上出現了一陣騷動。發生了什麼事？大家都在說話。我聽了一陣子才猜到，剛剛我分心的時候，老師講的是：愛斯基摩人會獵海豹和海象。

每個人都在問問題，一個人想知道這個，另一個人想知道那個。孩子們甚至從椅子上站起來，跑到講臺前。老師叫大家坐下，說我們太吵了，不安靜下來他就什麼也不說。但是孩子們無法安靜下來，因爲他們想要知道，所有的事他們都想弄個一清二楚。

「愛斯基摩人不吃麵包嗎？他們爲什麼不去比較溫暖的地方？不能給他們用磚頭蓋房子嗎？海象比獅子強壯嗎？愛斯基摩人如果迷路，會不會凍死？那裡有狼嗎？愛斯基摩人會讀書嗎？他們之中有沒有食人族？他們喜歡白人嗎？他們有沒有國王？他們從哪裡拿到釘雪橇的釘子？」

有人說起，有一次他爺爺在冬天的原野中迷路了。另一個人則說起狼。大家都在吼，叫別人安靜，因爲每個人都有重要的事想要說或問。

如果這事不重要，大家還會等，但是每個人都很在乎愛斯基摩人！前一分鐘，他們彷彿都神遊北極，成了愛斯基摩人，現在他們想知道這些留在那裡的朋友、手足、親戚過得如何。喔，他們爲什麼過得這麼差？我們要怎麼幫助他們？

從前，政治犯會被送去西伯利亞。有人回來的時候，其他政治犯的母親、姐妹和未婚妻也會不斷問這些人：那裡的生活過得怎樣？他們在做什麼？會不會回來？什麼時候回來？因爲從信件中可以知道的事實在太少了。

書也是一樣的。老師應該再告訴我們一遍他知道的事，關於海豹、雪、馴鹿和極光，或是把書再念一遍。因爲大家都太感動了，根本沒聽清楚所有的事。

對老師來說，這是第四堂課，是他在學校工作的第四個小時。對學生來說，這是來自遠方、關於他們熟人的消息。老師累了，我們也是，只是我們累的方式不太一樣。於是，雙方都有了不耐煩的情緒。老師受夠了這些，而我們還想要更多。

老師已經開始生氣了。他威脅，爲了懲罰我們，他再也不要念書給我們聽了。

永遠不念！

大家安靜了一下子，但是沒人相信。如果他是說：「一個星期。」那還算好，但是永遠都不念？一個白痴於是開起了玩笑。

「欸，老師，您不要那麼生氣嘛。」他說：「他們這些笨蛋雖然會吵鬧，但他們是好孩子啊。」

他看起來彷彿在為孩子們辯護，但你馬上就可以發現，他是想要讓老師失去耐心。在每個地方都可以找到這樣的人。他要不是什麼都不在乎（所以他也不喜歡有趣的課，因為那時候大家都會安靜專心聽），要不就是出於惡意想要干擾，因為他剛好不喜歡上課的內容。

老師已經在想要叫誰出去教室，他已經在看鐘，因為他也希望這一切趕快結束。氣氛變得不太愉快。但是老師自己也覺得可惜，畢竟他知道大家都有在聽。於是，他按下了怒氣，笑了笑，說：「喂，你那麼喜歡講話的話，就重複一遍我剛才說的。」

於是，我們又恢復正常上課了。當老師問我們問題，我們結結巴巴、信口胡說，不然就是說錯，老師於是覺得，我們什麼都不會，只是一群蠢小子。

當我是大人的時候，我越是在意一件事，我就越口若懸河。但孩子的情況不同。他們越在乎，就越容易結巴、越是會講得零零落落——即使他們知道答案。彷彿他們覺得丟臉，怕講得不正確。可惜，在學校你得用上專業的術語，爲了成績、讚美、脅迫而說話，而不是說出你眞正的感覺。

課堂就這樣無趣地結束了。直到下課，我們才開始眞正談起愛斯基摩人，有人記得比較清楚，有人記得的和他不同。於是他們爲此吵架：

「老師是這樣說的。」

「才不是。」

「老師上課時，你在放空吧！」

「你才放空！」

他們各自找來了證人。

「老師沒說愛斯基摩人的窗戶是用冰做的，對不對？」

「海豹不是魚，對不對？」

「好啦，我們去問老師。」

大家的情況應該都和我一樣吧。他們一定是在某個地方陷入沉思，然後之後就再也跟不上進度了。所以每個人記得的東西都不一樣，只有當你把全班記得的東西彙整起來，才可能拼湊出完整的故事。之後，他們會玩愛斯基摩人的遊戲，會在樓梯或中庭告訴沒來上課的人，關於愛斯基摩人的事。他們會加油添醋，讓故事聽起來更有趣。

放學時，我和孟德克一起回家。

現在，街道對我來說非常有趣。所有的一切都很吸引人。電車、狗、路過的士兵、商店、商店上的招牌。所有的一切都再次是新的、陌生的，彷彿才剛畫好。我並不是不認識這些事物，畢竟我知道電車是電車，但我想知道，電車是單號還是雙號。

「我們來猜猜看，第一輛電車是偶數還是奇數，是比一百號多還是少。」

這麼簡單，就有遊戲可玩了。

看到士兵，就要看他有沒有肩章，看他是步兵還是砲兵。

技師在修電信箱，工人在清水溝。我們馬上就停下來看，因爲可能會看到有趣的東西。

所有的一切都會激發我們新的想法。

我們也看到很多狗，有一隻狗在用舌頭舔鼻子。於是我們又開始說了：「狗不需要手帕，因爲牠會用舌頭舔。而人們只會吸鼻子。」然後我們開始嘗試，我把舌頭伸出來，想去碰鼻子。這時孟德克說：「用指頭把鼻子往下壓。」

我說：「用指頭去幫忙是作弊。」

他說：「你試試看嘛。」

有個女人經過，說：「這些小孩眞蠢，還把舌頭伸出來。」

我們覺得很不好意思，因爲我們完全忘了旁邊有人在看。

如果那位小姐知道我們在說什麼，她就不會覺得奇怪了，因爲我們只是在實驗，想看看人有多需要手帕，狗的舌頭是不是眞的比人長很多，還有沒鼻子的人怎麼辦。我們想要透過實驗來證明這些事，若有人沒聽到我們的討論，就只會認爲我們很蠢。

當我還是大人的時候，我有一次去趕火車，風沙吹進了我的眼睛。我不知道要用手抓住箱子、帽子，還是遮住眼睛。我很生氣，而且我趕時間，我必須到售票口買票，那裡可能會有很多人在排隊。

這時，有三個男孩倒退著跑過來。他們哈哈大笑，說風在推他們。他們還在聊著天。一個人直接撞上了我。我本來想要移到旁邊去，但是他撞上了箱子。我狠狠罵了他一頓，說他瘋了，說他擋到人們的路。確實沒錯，但是我也擋到了他的路。誰知道他們那時在玩什麼、假裝自己是什麼。也許他覺得自己是一顆氣球、一艘戰艦或帆船，而我和我的行李箱則是他撞上的水底暗礁。對我來說，風令人不悅，而對他來說，風是快樂的泉源。小孩會干擾大人，大人也會干擾小孩。

當我第一次當孩子的時候，我喜歡閉著眼睛在街上走。我說：「閉著眼睛，往前走十步。」如果街上沒有人，我會閉著眼睛走二十步，不管發生什麼事，都不打開眼睛。一開始我走得很快，之後就走得比較慢、比較小心。我不一定會成功，有一次我跌到水溝裡，那時水溝裡還有水，現在水都到下水道了，都埋到地底下去了。所以我掉到水溝裡，腳不小心扭到，痛了我一個星期。我什麼都沒對家人說，因為有什麼好說的？說了他們也不會明白。他們只會說，走在街上就要張大眼睛，每個人都知道這件事。但是，偶爾還是可以換換口味，試試看閉著眼睛走路啊。

另一次我頭撞到路燈，腫了個包，還好，帽子發揮了一點保護作用。如果我再走偏一點，就會整個人撞上路燈，或是撞到路上的行人。有時候我真的會撞上人，只有一個人讓到旁邊去，什麼都沒說，不然就說了句有趣的話。有時候，被我撞上的人會像野獸般生氣咆哮：「你瞎了眼啊，沒看到我在路上？」

然後他惡狠狠地瞪著我，彷彿想把我一口吞下。

有一次，我已經是大男孩了，應該有十五歲吧。我走在路上，兩個小女孩在追逐嬉戲，她們從我旁邊跑過去，然後就直接往我這邊衝過來。閃避已經來不及了，所以我彎下身，把手張開。她們側身撞上了我，兩人都看起來很害怕。一個有藍色的眼睛，另一個的眼睛是黑色的——看起來充滿笑意。我讓她們停在那裡一下子，恢復平衡。一個女孩說：「喔！」另一個說：「對不起。」我說：「沒關係。」然後她們都跑開了。跑著跑著，她們還回頭看我，對著我笑。一個女孩衝向一位女士，而那女人粗魯地把她用力推開，害她摔了一跤。

這世界明明需要孩子啊，而且孩子應該以他們原本的樣子存在。

我說：「孟德克，你想和電車賽跑嗎？」

我們剛好站在電車站附近。

他說：「好啊，我們來和電車比誰跑得快，跑到那個街角。」

「好，到街角。」

一開始很容易，因爲電車起步時很慢。後來我們跑在街道中央，跑在人行道旁邊，街上的馬匹和馬車阻礙了我們的行動，害我們跑輸了。

孟德克說：「但我跑得比你快！」

我說：「這沒什麼厲害的，你把大衣解開了。」

他說：「沒有人禁止你啊！你可以把大衣紮到後面。」

啊哈，我竟然忘了。我這麼多年沒追電車，都忘記該怎麼追了。

「好，」我說：「再來一次，我把大衣解開。」

但是他已經不想跑了。他說，他不想把鞋子跑壞。而我呢，我只想跑個不停！我很開心，我一點都不覺得累。雖然我跑得很喘，心跳得很快，但是只要站著休息一下，我的精力又恢復了，孩子的累不會眞的讓人疲倦。

我們聊著，要怎麼學會跳上電車。這一點都不危險，只是你要有技巧。你得先追著電車跑，即使只是遠遠的。當你會跑了，你就得跑在電車旁邊，然後用手摸它。之後，你就抓住把手跳上去。再後來——當電車在行進中，你就可以直接跳上去或跳下來。你在一個月內就可以學會。最好是跳接在後面的、沒有輪子的車廂，因爲就算你跌倒，也不會跌到輪子底下。除此之外，你還得四處張望，看看有沒有車從後面過來。

大人有時候也會摔斷腿。

我們開始談論意外事故。

我說：「在我那個年代沒有汽車。」

他驚訝地看著我問：「怎麼可能沒有？」

「嗯，就是沒有啊。」我有點生氣，因爲我說溜了嘴。

我們在貼著廣告的柱子前停下來。

電影院在放映《愛情的酷刑》。

「你想看嗎？」

孟德克做了個鬼臉，說：「還好。愛情片很無聊，他們不是在接吻，就是從一個房間走到另一個房間，偶爾才有人開槍，我寧願看偵探片。」

「你想當偵探嗎？」

「想啊。當偵探可以在屋頂上奔跑，跳過柵欄，還可以拿著一把白朗寧。」

我們讀了馬戲團的告示。

「我最喜歡看馬戲了。」

我們站著聊了一下天，然後繼續往前走。

「明天有五堂課。」

「有自然課。」

「希望老師會告訴我們更多關於海豹的事，還有北極熊。」

「你想當北極熊嗎？」

「當然囉！」

「可是熊笨手笨腳的。」

「牠們一點都不笨手笨腳，只是看起來那樣。但我更想當老鷹，我會飛到最高的岩石上，比雲還要高，我會孤獨、高傲地站在那裡。」

有翅膀可以飛，比坐飛機愉快多了。坐飛機要汽油，飛機可能會壞，你需要倉庫才能放飛機，也不是隨便哪裡都可以降落。你得定期清理飛機，還要先助跑才能起飛。而翅膀就方便多了，當你不飛的時候收起來就好。

如果人有翅膀，衣服就要重新設計，襯衫後面要有兩個洞。人們可以把翅膀露在衣服外頭，或是藏在西裝外套底下。

兩個男孩邊走邊聊，這彷彿沒什麼。這兩人不久之前還把舌頭伸出來，試著去碰鼻子，然後他們去追電車，現在這相同的兩個人，在聊人類是否能有翅膀。

大人以爲，小孩只會搗蛋和講蠢話。但孩子其實是在預言遙遠的未來，爲它爭論不休。大人說人類永遠都不會有翅膀，而我當過大人，我說，人類可以有翅膀。

所以我們就這樣聊著：有翅膀很好，可以用飛的上學、放學。飛累了可以用走的，走累了可以用飛的，這樣翅膀和腳都可以休息。

有翅膀的話，我們可以從窗戶探出身往外看，可以坐在屋頂上，可以飛到森林裡遊玩。在城裡，我們會成群結隊，到了城外，大家就各飛各的。在森林裡，我們可以想去哪就去哪，如果迷路了，就飛到高空往下看你是從哪裡出發的，這樣就永遠不會迷路。

「怎麼樣，孟德克，這樣很棒吧？」

「當然棒。」

人類的目光會因爲飛行而變得更銳利。我們也談到，候鳥總是會找到自己的村子、自己的巢。牠們不需要地圖或羅盤，就可以飛過大海、高山和河川。鳥兒眞聰明，比人類還聰明。而人類統御所有的生物，大家都要聽他的。

「也許這不是因爲人類是最棒的，而是他們最會殺其他的生物。」

我們沉思著。突然一個男孩經過（他是個搗蛋鬼），把我的帽子弄了下來。他手上拿著一根棍子，就用那根棍子把我的帽子挑了下來。

我馬上跳過去質問：「你幹嘛弄我？」

「我對你怎樣了嗎？」他還裝傻。

「你把我的帽子弄下來了。」

「什麼帽子？」

他目中無人地大笑，當著我們的面說謊。

「不是你弄下來的？」

「當然不是。你看，他拿著你的帽子。」

孟德克把我的帽子撿了起來，靜靜看著接下來會怎樣。

「他撿了起來，但是你弄掉的。」

「小鬼，少煩啦！你說我弄掉你的帽子，你以爲我吃飽沒事幹喔？」

「你這頑皮鬼就是吃飽太閒，不讓人好好走路。」

「別叫我頑皮鬼，我警告你，你少惹我！小心我揍你！」

他用那根棍子戳我的下巴，而我抓住他的棍子，把它折成兩半。

他衝過來，我只是站著不動。

「把棍子還我，不然就賠錢。」

他彎下身子對我說話。他比我高，所以我跳起來給了他的額頭一拳，不過他的帽子沒掉。我拔腿就跑，孟德克也趕緊追了上來。

我們飛也似地逃跑。

「看到沒，」我邊跑邊想：「下次你就知道不要來惹我了，因爲我人雖小，也是可以讓你吃拳頭的。」

他一開始有來追，但是他知道自己理虧，而且也知道我不好惹，於是就放過我們了。

我們停住腳，開始大笑。

剛才我氣得要命，眼睛充血，眼前一切都是紅的。現在我又開心了，我用袖子擦掉帽子上的灰。

孟德克說：「你幹嘛去惹他？」

「是我惹他還是他先惹我？」

「是他先惹你沒錯啦，但是他比你大啊。」

「比較大，就可以隨便捉弄人嗎？」

「如果明天他認出你，跑來揍你怎麼辦？」

「他認不出我的，他要怎麼認出我？」

不過孟德克說得沒錯，現在開始我得小心了。

但是你們有聽說過，有人會大白天的，在路上把別人的帽子弄下來嗎？如果有人對一個大人這麼做，一定會馬上引起轟動，一群人會跑來看，搞不好還會叫警察。而對孩子這麼做？啊，這沒什麼大不了的啦。在孩子之中，也有喜歡鬧事的人，我們必須自己對付他們，沒有人會協助或保護我們。

我們站在街角，捨不得分手。本來我們在談重要的事，這個搗蛋鬼卻打斷了我們。一路上我們都過得很愉快，玩了好玩的遊戲，聊了有趣的話題，還有刺激的冒險。

現在只剩我一個人了，我慢慢地走著，努力讓自己走在人行道磚的中間。就像玩跳房子一樣：不要踩到線。這本來應該很容易，但我必須閃避行人。馬上往前走而不踩到線，是很困難的，不一定會成功。

我只能犯錯十次，如果比十次多，我就輸了。我開始算：一次、兩次、三次、四次。還可以再踩——六次、五次。我很怕輸，但遊戲中的恐懼是令人愉快的。

我只踩了八次線，然後走進我家那棟樓。我在商店門口嚇了貓，貓進了門，我跟牠一起進去。牠跳到旁邊，看著我，可笑地把前腳抬起來。

「你今天有被老師叫起來回答問題嗎？」媽媽問。

「沒有。」

我誠心誠意地吻了媽媽的手，[4]她甚至抬起頭看我，摸了摸我的頭。

4在柯札克的時代，孩子會親吻父母的手，表示尊敬，今天這個習俗已經很少見。

我很高興，校長原諒了我，還有，我再次有媽媽了。

孩子們以爲，大人不需要母親，只有孩子才可能成爲孤兒。確實如此，當人年紀越大，他們的父母在世的機率就越小。但是大人也會有思念父母的時刻。在這種時刻，他們認爲只有父母會聆聽、理解他們，會給他們幫助和建議——如果有需要，還會原諒他們、疼惜他們。所以，大人也會有身爲孤兒的感覺。

我吃完午餐了，現在要做什麼？

我到院子裡去找菲列克、米豪和沃朵克。

「我們來玩打獵吧？」

米豪的左輪手槍是自己做的，他把木頭削成手槍的形狀，然後用墨水塗黑，又在上面釘了一些釘子。他不知道從哪裡弄來這些釘子，這些釘子雖然不是用金子做的，但有金色的光芒，應該是黃銅。米豪叫他的槍「勝利者左輪」，這是他在戰場上表現英勇的獎品，是將軍親自送給他的。在戰役後，軍隊舉行了閱兵，整個團都排隊站好，樂隊演奏，旗幟飄揚，砲聲隆隆。然後將軍說：「這支左輪手槍是我曾祖父出征土耳其時獲得的，之後就父傳子、子傳孫，在我們家族流傳了兩百年。現在，你救了我一命，我要把它送給你。」

米豪是這樣說的。

有一次，他說他是在維也納之戰中獲得這支手槍，另一次，則是楚措拉戰役，還有一次他說是格倫瓦德之戰。但這不重要。現在，當我再次是個孩子，我覺得史實不是最重要的，更重要的是我們內心如何感受歷史。當我還是老師時，我的想法不同。

所以，現在米豪是獵人，菲列克是野兔，而我和沃朵克則是獵犬。

我們不是一開始就這樣決定好的。起初，他們本來要玩官兵捉強盜，而我想玩愛斯基摩人。

玩遊戲的時候，大家的意見很少相同。有時有人不太想玩，那就得讓他一下，這樣他才會想參加。其他人不想玩愛斯基摩人，因爲沒下雪，而米豪不想玩官兵捉強盜。

「上次我們玩的時候，你們把我的袖子扯破了。」

我們沒有把他的袖子扯破，只是他的袖子縫得很鬆，隨便扯一下就脫線了。因爲米豪上次扮演的是一個很危險的強盜，我們把他抬到地下室處死，他不停掙扎，我們怕他逃跑，用力抓住他，就沒空留意袖子了。

獵野兔確實沒那麼激烈，如果好好地玩，也是會很有趣的呢。

遊戲中最重要的，是你和誰一起玩。有些孩子很野蠻，還沒開始玩你就可以猜到，最後會出意外。這種人我行我素，除了獲勝什麼都不在乎。和這些孩子玩不是很愉快，因爲你得很小心。你讓他們加入遊戲，因爲不這樣的話，他們會打擾你們，但是你得和他談好條件。和愛吵架的孩子一起玩也不是很愉快。隨便一點小事，他們就會想找人吵架，或是覺得被冒犯。男孩比較少覺得被冒犯，但是女孩經常如此……他們總是會在遊戲玩到最好玩的時候，爲一點小事生氣，說：「那我不玩了。」

即使大家都說，他沒道理，他還是堅持己見。如果可以，大家會讓他，這樣才不會破壞遊戲，但這會讓大家都很生氣。

大人們不了解這些。他們會說：「去玩吧。爲什麼你們不跟他玩？你們剛才已經玩夠了啊。」

當我們不聽話，大人就會生氣。

因爲和一個笨手笨腳的傢伙玩有什麼好的？他馬上就會跌倒，然後哭哭啼啼地去告狀。和笨蛋玩也不好玩，他什麼都不懂，然後在最重要的時刻他會毀了整場遊戲。

你怎麼能突然中斷遊戲？我們都還不知道誰勝誰負呢？

遊戲必須妥善規畫才會好玩，但這未必會成功。所以當事情進行順利，遊戲好玩的時候，我們都希望玩到最後。

所以，我們玩打獵。

野兔在院子裡竄逃，獵犬從兩邊襲擊。所以他一躍進入玄關……我也跟著躍入。我站在那裡聞了又聞，想著他到底跑到了樓上，還是地下室……我覺得我在地下室聽到了聲音，於是躡手躡腳地下去，那裡一片漆黑。

野兔幾乎總是跑到地下室，因爲在黑暗中容易躲藏，也容易偷偷溜走。如果你想玩比較安靜的遊戲，地下室也是個好去處……因爲地下室總是有點恐怖，所以要更加小心，不要突然跳出去嚇人。

去年，約瑟夫的母親拿著一籃煤炭上樓，歐力克不小心撞到她，於是她從樓梯上跌了下去。我那時是個大人，我甚至還記得，自己還因爲這些孩子的頑皮行徑而氣得要命，也氣門房太少去管這些孩子，都讓他們在院子裡胡鬧。這些孩子被寵壞了，不讓房客們有清靜的日子可過。還好那女人沒受太大的傷，只是皮破了，但是情況原本可能更糟。

我們對大人頭上腫一個包或是瘀血，總是抱著深深的同情，如果是孩子發生了什麼事，我們總說：「你活該，下次你就知道不要亂跑、亂鬧了吧。」

彷彿孩子對傷痛比較無感，彷彿孩子的皮膚和大人不同。

如果大人只是嘲笑你一下那還好，雖然這也很令人生氣。你受了傷，很痛，而且害怕，大人卻拿你的傷痛來開玩笑。有時候情況更糟，他不只笑你，還對你大吼大叫。他們知道你不是故意的，因爲誰會想要弄傷自己啊？但是在大人眼中，「你就是爲了讓他們生氣才故意受傷的」。

我明白，如果我是獵犬，而野兔躲在地下室，在黑暗中若隱若現，我就不能一步一步地走，而是要三步併作兩步跳下去，即使我會因爲滑下樓梯而撞到下巴，或是手被扶手磨破。我確實是冒了個險，但我沒想那麼多，只是想把野兔抓住。畢竟，獵犬也這樣在森林裡跳來跳去啊，牠們也沒有因此撞到樹。但是我忘了，狗有四條腿，而我只有兩條。

我是獵犬，我汪汪吠叫，當我發現找不到野兔，則發出嗚嗚的哀鳴。當我是個大人時，我的聲音很粗，無法像狗一樣吠叫，也無法發出公雞或母雞一樣尖銳的叫聲。現在我又有了清亮的童音，可以像從前那樣吠叫了。

我站住不動，把身體貼近地面，然後又到地下室去查看。沃呆克跟我一起去。當我們到了地下室，我們聽見野兔的腳步聲從頭頂上傳來，他正在院子的小丘上奔跑。

我因爲判斷錯誤而失望地大吼，連忙跑上去追他！

我們約好了，不可以跑到街上，但是院子裡很擠，在院子裡跑了幾圈後，獵犬和獵人就要追上野兔了。於是，野兔衝向大門。

「不可以！」

但是野兔現在生死一線，哪有時間管什麼可以，什麼不可以！他是在救自己的命。如果我們還想玩，就得理解他的行爲。

我們總是在遊戲前就約好，什麼可以什麼不可以，但是當你遇上危險時，很難遵守規則。

如果我們累了或不太想玩了，或有人嚴重犯規——我們就會中斷遊戲，開始吵架。其實也不是眞的吵，而是休息一下，或改變一下遊戲規則，讓遊戲變得更好。比如叫一個人出去，換一個人進來，或是讓狗當野兔，或是別的什麼，或是有人會想出新的遊戲。

這就是爲什麼自己玩、沒有大人干擾比較好玩。大人一開始就會決定好遊戲規則，誰要當什麼，還會催促孩子，彷彿我們的遊戲是在浪費他的時間。但是，他和我們又不熟，怎麼知道誰該當什麼？

吵點架其實也是一種休息。

孩子們會聚在一起討論，有時心平氣和，有時怒氣沖沖。

如果發生了什麼事，比如有人撞到或衣服破了，大家就會怪那個不遵守規定的人。

「都是你害的。」

他還在辯解，不是他的錯，但他也覺得自己犯了錯。我們也知道，承認犯錯不是很好過，也許他太放任自己了，或是有人一直去惹他。

「好了，夠了。」

「所以我們要繼續玩嗎？」

「好啦，已經沒事了，我們開始吧。」

「不要吵了。」

「不想玩的人可以離開。」

所以兔子跑到大門，跑到街上，而我們緊跟在後。他跑到街的另一邊，我們也跟著跑過去。獵人和獵犬比較佔上風，因爲如果有人跑慢了，另一個人就會追上去嚇唬野兔。我們沿著直線跑，而野兔則要不停閃躲，左彎右拐。但是我們選了一隻好野兔。他比我們年長兩歲，比我們強壯，跑得也比較快。我們最後一定會抓到他的，但整件事的關鍵是：他到底會抵抗多久。

我們一直跑到四樓才追到他，他累斃了，幾乎喘不過氣來。我們活捉了野兔，他甚至沒有抵抗，就自己投降了。

我們坐在樓梯上休息、聊天。我們也累得不得了，因爲我們一直飛奔上樓。我們那時一直在心底對自己說：不管怎樣我們一定要逮到他，這次他逃不了的——如此才有繼續的力量。

如果在另一棟樓，他還可以藏到某間公寓裡，躲到洞穴裡，但是這裡沒有藏身之處。

他說：「如果我想跑，你們是抓不到我的。」

我們說，他根本沒力氣逃了啊。

他說：「如果我想逃，我就逃得了。」

「如果我們想要，也可以更快就抓住你。只是我們不想那麼累，還有，不想讓你難看。」

「哈！難看！你們根本沒讓我休息一下，眞正的獵犬也不會這樣追趕獵物。」

「那你幹嘛不照約好的在院子裡跑，爲什麼偏偏要跑到街上去？」

「那我還能怎樣？不然我要逃到哪去？」

「你可以投降啊。」

「你以爲你很聰明啊。你應該開槍射我的，如果你把我射傷，就會抓住我了，你手裡拿著槍，卻放著不用。」

確實沒錯，米豪可以開槍的，但他只顧著跑，忘了自己是獵人，不是獵犬。這是他的失誤，如果他開槍，菲列克就會跌倒，因爲他那時候已經很累了，他會光榮地投降。米豪聽了這話有點不高興。

「你在楚措拉戰役中，從國王手中得到這把槍，但是你卻不會用它開槍，眞是個英雄呢。」

米豪現在更不高興了。

「你要是再笑我，我就什麼都不會跟你說了。」

沃采克擔心他們會吵架，於是說：「你們記得有一次我們在玩老虎從馬戲團逃出來的遊戲嗎？我當馴獸師的那一次？」

我們開始談馴養動物的事，還有誰看過什麼動物。我們聊到跳火圈的獅子、騎腳踏車的大象、猴子和狗。

聊狗很有趣，因爲大家都看過狗，而其他動物我們只是聽過或在書上讀過。

菲列克的叔叔有隻狗，牠會和他握手、幫他拿東西，有時還會裝死，叫也叫不動。有一次有個士兵來這裡休假，帶了一頭訓練有素的狗。他在院子裡叫狗表演各種把戲給我們看。他還給男孩們看刺刀和步槍，也告訴我們關於炸彈的事。

「如果有戰爭，我馬上會去當志願兵。」

「你去問問他們，會不會收你啊？」

年紀太小了。

我們嘆了一口氣。

我們談起紐芬蘭犬，說牠們有像鴨子一樣的蹼，會救落水的人。我們還談到水鬼。這時天已經黑了，這些話題讓人覺得毛毛的。

「老師在學校有讀關於愛斯基摩人的書。」

然後我們聊起愛斯基摩人和學校。

如果真正的旅行家、發明家和軍人能到學校來，告訴我們他們做了什麼、看到什麼，那該有多好呀。

「有一次老師告訴我們她去塔特拉山脈旅行的經歷。說那邊下著好大的雨，還有閃電。你親眼看過後說起來，和在書上看到完全不同。書上的沒那麼有趣。」

「嗯，沒錯，旅行家是會去演講，但聽眾是大人。他們不會對孩子說這些事的，浪費時間。」

我們沉默下來。門房在樓梯間點起了燈，他看到我們，就趕我們回家。

「你們在黑暗中做什麼？快回家！」

他狐疑地四下張望，彷彿我們眞的做了什麼壞事。他一定以爲我們在這裡抽菸，因爲地上有火柴，他先是看看火柴，然後輪番打量我們……

也許這只是我們的感覺，不信任是件很令人不愉快的事。而且大人總喜歡在做別的事時，順手管教孩子。如果他們沒看到還好，一旦看到，總會說：「把扣子扣好，你的鞋子爲什麼沾滿泥巴？你做了作業嗎？給我看耳朵，剪一下指甲。」

這些無所不在的管教讓我們想要躲藏、隱瞞——即使我們根本沒做什麼壞事。如果大人不小心看了我們一眼，我們馬上就得等他們對我們說教。也許這是爲什麼我們不喜歡馬屁精。也許，他根本不是馬屁精，只是太喜歡在大人的圈子裡打轉，他不怕大人的眼光，所以在我們眼中，他看起來像是大人的同謀。

當我還是老師的時候，我的行爲和這些大人如出一轍。我以爲，我能夠看見一切，留意所有的小細節，這是件好事。但現在我不這麼認爲了。孩子應該要在我看著他的時候，感到自由自在。如果我眞的想要對孩子說些什麼，那不應該是「剛好、順便看到，所以講一下」，而是應該認眞、正式地和他談。

沒錯，我們是坐在黑暗的樓梯間。但是我們坐在黑暗中，是因爲沒有點燈啊！我們在聊天。但如果我們告訴他，我們在聊天，他一定馬上說：「你們有什麼好聊的？一定在聊一些蠢事吧？」

一定是一些蠢事，而不是什麼聰明的事。然而，大人的談話就一定充滿智慧嗎？爲什麼大人先入爲主地輕視我們？

大人們以爲，他們很了解我們。孩子腦中哪會有什麼新鮮事啊？孩子才活沒幾年，所知無幾，懂得也不多。但是這些人都忘了自己當小孩時的樣子，他們還以爲，自己是最聰明的。

「趕快回家！動作快！」

我們不甘願地開始行動，一步一步慢慢走。我們刻意放慢腳步，這樣他才不會以爲我們怕他。如果我們眞的想做一些大人禁止的事，他是管不住的。就算不在這裡，我們也會在別處做，就算不是現在，之後也會。

回到家，晚餐還沒準備好，所以我和伊蓮娜玩，她是我的小妹。沒錯，我有父親、媽媽，還有小妹伊蓮娜。

我們的遊戲是這樣的：我會閉上眼，摀起耳朵，轉向牆壁，她會把娃娃藏起來，讓我去找。當我找到，我會假裝不給她，高高舉在空中。而她會伸出手，尖叫：「給我娃娃！給我！給我！」

她得喊十五到二十次「給我娃娃」，我才會還給她，因爲這是贖金。

如果我馬上就找到娃娃，那就不用喊那麼多次，如果我花了很多時間才找到，那就要喊更多次。

有一次她把娃娃藏到枕頭下，我馬上就找到了，她於是喊了十次：「給我娃娃！」

第二次她把娃娃藏在大衣口袋，第三次藏在衣櫃後，第四次在床底下。有一次，她把娃娃藏在鍋子裡，那時我眞的找了很久。當我找到，她必須大喊三十次：「給我娃娃！」我才把娃娃還她。

然後我們玩了一次又一次。這遊戲其實一點都不蠢。它是關於：隱藏祕密，發現祕密，它讓你見識到，沒有什麼祕密是可以藏起來讓人找不到的。東西越難找，找到的成就感越大，不管你發現的是大人世界的眞相、發明、新知，還是鍋子裡或枕頭底下的娃娃。整個自然界都可以看成是把娃娃藏起來的伊蓮娜，而全人類則像是那個努力尋找娃娃的小男孩——也就是我。當我在院子裡追野兔，訓練的是腳力和速度，而當我在找娃娃，我則是在動腦，訓練我的思考能力、觀察力和堅持。

人類終其一生，不就在做這些嗎？我們不是在追野兔，就是在尋找娃娃。

過了這漫長、充實的一天，我已經精疲力盡了。我吃完晚餐，就想以最快的速度上床睡覺。

「你爲什麼這麼安靜？」父親問。「你在學校闖禍了嗎？」

「沒有。」我說：「我頭痛。」

「也許給你一點檸檬？」媽媽問。

我只簡單地洗了臉和手，就換上睡衣，閉著眼躺在床上。

我度過了我再次是個孩子的第一天。這一天發生了多少事啊！我現在寫下的只是一部分，是那些我剛好想得起來的、那些比較持久的片刻。各種印象就像春雨一樣傾瀉在我身上，我怎麼能記得並描述所有的雨滴呢？或者，這像是湍急的河流，你如何能數清楚每滴水滴？

今天，我當了愛斯基摩人，我也是獵犬，我追人，同時也被人追。我是勝利者，也是意外事件的犧牲者，我是藝術家和哲學家，我的生命就像樂隊演奏一樣熱鬧喧嘩。我現在明白了，爲什麼孩子可以是成熟的音樂家。當我們仔細打量孩子的繪畫、細心聆聽他的話語（當他終於信任我們、放心開口），當我們深入看進他和我們不同卻高貴的價值，我們就會在裡面看到感覺的大師、詩人、畫家和藝術家。這一切都會成眞，但我們還不是大人，我們太沉迷於眼前所能見到的事物了。

我今天發現了雪永遠不會停止的國度，我也變成了有著一口利齒的狗，還有許多、許多、許多。

當我和伊蓮娜玩娃娃的時候，娃娃不是娃娃，而是被壞人綁架的受害者，是被藏起來的屍體，我的義務是去找出它。當我找到娃娃，我小心地抬起它，就像是對待死去的人。

娃娃是水鬼，而我是漁夫。我搖搖晃晃地走過房間，像是坐在船上，而我揮舞著雙手，像在撒網。

娃娃是強盜，他躲在哪裡？我小心翼翼地走過房間，躡手躡腳，才不會被強盜發現，讓他一箭射穿我的心臟。

娃娃不是藏在大衣口袋或是枕頭下，而是藏在洞穴或地窖裡，在沼澤，在海底。我粗魯地把它抓出來，晃了又晃。

我沒有對伊蓮娜說這些，她還太小，不會懂的。所以這是我自己的遊戲。

我忘了說，我在玩的時候媽媽走了進來，說：「把娃娃還她。你幹嘛又去欺負她？」

「我們只是在玩。」我說。

「你也許在玩，但她很生氣，樓梯上都聽得到她在叫。」

我也忘了說，在院子裡的地下室，我覺得我看到了某個白白的東西，好像是一具被布包著的無頭屍體。當我從地下室衝出來，有一瞬間我不是在追野兔，而是在逃避幽靈。雖然這只有短短的一瞬間，但我感到胸口一緊，眼前有三條黑色的閃電。

我也忘了寫，上課時我很想喝水，但是老師不讓我出去。

「馬上就要鐘響了，你下課就可以去喝水。」

他說的沒錯，但我是個孩子，我的生理時鐘和大人的相異，我感受時間的方式和大人不一樣，我的日曆也和他們的不同。我的一天就是永恆，其中又可細分爲短短幾秒和冗長的百年。沒水喝的十分鐘，對我來說可不只是十分鐘啊。

「什麼時候才要下課？我快渴死了。我不止口乾舌燥，連眼睛和思緒都是乾的。我眞的好痛苦噢，因爲我是個孩子。」

我也沒寫，下課時間同學讓我吹他的新口琴。他只是想讓我試試看，他的口琴有多棒。他誇耀地說，他的口琴是最棒的，因爲沒生鏽，而且很堅固耐用。我吹了一分鐘吧——只吹了一次——然後我就用衣服擦一擦，還給了他，然後就沒了。

事實上，事情並不會在此打住。如果他弄丟了口琴、跟人家交換、賣掉或弄壞，而我半年後會有一把新口琴，而他來和我借，我就會記得，而且會借他。如果我不借，他就有權利說：「你看看你！我之前還不是有借你！」

如果你想當個誠實的人，你就得記得別人給你的好處。

我也沒寫，我的大衣太大、太長了。當我跑去追電車時，它礙手礙腳的。我還沒長夠大時，只要穿上它，就會礙手礙腳。

這可不是件小事，這問題一直都會在那裡，因爲我怎麼知道我還要這樣多久？半年、一年，還是永遠？

我沒寫，我突然在窗玻璃上發現一隻活的蒼蠅。我很高興，偷偷地拿糖去餵牠吃，就像在照顧春天。[5]我才不允許伊蓮娜或任何人傷害牠！

我找到了一個瓶子的軟木塞。我把它放在褲子口袋裡，放在床邊。

我在街上看到了一名士兵。我踢了幾個正步，對他敬禮，他友善地對我微笑。

我用冷水洗臉，涼涼的水很舒服，我就像是洗了個澡一樣清爽，一瞬間覺得很愉快。

當我是個大人，我有一張老舊的地毯，已經褪色了。有一次我在店裡的櫥窗看到一張一樣的，有一模一樣的花紋和花。我慢慢地低著頭走過。

當我是個大人，在冗長的冬天過後，有人來洗了房間的窗戶，本來那上面都沾滿了灰塵。我回家後，在窗前佇立良久，開心地看著乾淨透明的玻璃。

當我是個大人，我有一次在街上遇見了我好久不見、快要忘記的叔叔。他滿頭白髮，拄著拐杖。他問我過得好不好，我說：「叔叔，我也老了。」

而他說：「什麼？已經老了？那我怎麼辦？你還只是個毛頭小子啊。」

我很高興，叔叔還活著，還親暱地直接叫我的名字。

突然一隻溫暖的手碰了我的額頭。我抖了一下，睜開眼睛，看到媽媽不安的眼神。

「你睡了嗎？」

「沒有。」

「你頭痛嗎？」

「沒有。」

「你不冷嗎？也許我給你蓋條毯子？」

媽媽摸著我的頭和胸口。

我坐了起來。

「媽媽，請不要擔心我。我的頭一點也不痛。」

「但是之前你說會痛。」

「我只是那樣以為，那時我很想睡。」

5 本書的故事在冬天進行，或許，主角看到蒼蠅就像是看到春天（波蘭的蒼蠅在冬天不會出來活動），所以才會說照顧蒼蠅就像是在照顧春天。

我用雙手抱住媽媽的脖子，看著她的眼睛。我把頭埋到被子底下後，我還聽到媽媽說：「睡吧，小兒子。」

我再次是個孩子了，而且媽媽對我說「小兒子」。大家會用「你」稱呼我。[6]再一次，玻璃是乾淨透明的，再一次，地毯有了往日飽滿的色彩。

我再次有了年輕的手和腳，年輕的骨頭和血液，年輕的呼吸，年輕的淚水和快樂。

快樂，淚水，和祈禱都是年輕的，屬於孩童的。

彷彿像是走了很遠的一段路，我沉沉地睡去。

6在波蘭，在正式的場合或彼此不熟識的人之間，會以「您」（Pan/Pani）互相稱呼，但對小孩，大人一般會用「你」（ty），不管熟不熟。

第二天

晚上下了雪。

白色的雪，又白又新。

我好多年沒看到雪了。過了這麼多年後，我很開心可以看到雪，而且雪是白色的。

大人也喜歡好天氣，但是他們會思考、衡量天氣，而我們則全心全意享受、暢飲這天氣。大人也喜歡明亮的早晨，但對我們來說，它則像是冰鎮的酒，讓人喝了就醉。

當我是大人的時候，看到雪我就想到會有泥濘，我可以感覺到鞋子都是濕濕的。煤炭夠過整個冬天嗎？當然，我也是會高興的——但這喜悅撒滿了灰，髒兮兮的，一點光澤也沒有。現在我則感受到白色、透明、炫目的喜悅。爲了什麼？不爲什麼，就光是爲了下雪！

我慢慢走著，甚至捨不得踏在雪上。到處都是明亮的反光，有如點點火星，不停變換著魔幻的光芒，彷彿是活的。在我體內也有一千道火光。彷彿有人把鑽石粉塵撒在大地和靈魂中，這些粉塵之後會長成一棵棵鑽石樹，一切都像童話般美麗。

有如星星的白色雪花掉到我手上。好美，好小，好可愛。眞可惜，它立刻膽怯地消失了，眞可惜。或者我也會吹它，很高興它已經消失了，因爲第二片馬上就來了。我張開嘴，用嘴巴去接雪花。我感覺到雪花像水晶般冰涼，這白雪是如此乾淨，如此冰冷。

當雪融的時候，就會有冰錐。你可以用手把它敲下來，也可以張開嘴，接住雪和滴下來的水滴。你還可以一口氣把一排冰錐從屋簷上統統敲下來，它們會掉到地上，發出清脆的聲音碎裂。

這是眞正的冬天和眞正的春天。

這不只是雪，而是充滿彩虹肥皂泡泡的魔法王國。

嗯，還可以玩雪球。你可以捏小小的、子彈一樣的雪球，用它來丟人、惡作劇。或者，你也可以把它捏成小球的大小，要多少有多少！這樣的球，你不用去買，也不用借或向別人要，自己做就有！你用力把球丟出去，它軟軟地打到人，一下就散了。沒關係，馬上可以再做一個。你用球丟人，別人也用球丟你。丟在背上、袖子上、帽子上，什麼事都不會發生。你們哈哈大笑，心情飛揚。

你在雪地上跌倒了，只要隨便拍一下就好。雪跑到你的領子裡——喔，好冰！但是很舒服。冒險就是如此。

你做雪球，盡量讓它圓滑平整，雪球越來越大。你選了一個好地方，用力壓緊。它變成一顆很大的雪球。你已經不是用手掌在捏它，而是用整隻手，你感覺到它越來越重。你的手滑了，所以你放慢速度，小心翼翼。誰的雪球比較大？現在要怎麼辦？要堆一個雪人嗎？還是要把它當成一顆大球，讓我們可以跳上去，站在上面？

大樓的門房把雪推到道路兩邊，所以，你可以走在雪堆中，深及膝蓋都是軟綿綿的白雪。

老天，我需要木板和釘子！這是我現在最需要、而且是世上唯一重要的事，其他的都不存在。我需要自己的雪橇！我可以拆掉什麼？要去哪裡找、和誰要，才會有木板？還有冰刀鞋，如果不能有一雙，一隻也可以。沒有雪橇和冰刀鞋，人就感覺自己像是個孤兒啊。

這就是我們白色的擔憂，白色的渴望。

大人啊，我眞同情你們。下雪給你們帶來的喜悅是如此貧乏，這雪可是昨天沒有的呢！

風把這些星星的碎片從屋簷、門框和排水槽吹下來，白雪就像白色的痱子粉一樣灑落街道。這一團冰冷的白色煙霧上下攪動，吹到我們瞇起的雙眼，吹到我們沾了雪的白色睫毛上。

這雪不是吹到森林或田野，而是吹到街上，把街道都染白了。孩子發出年輕、有活力的快樂叫聲。他們會站在屋頂上，把雪從屋頂上往下鏟，鏟到圍起來的人行道上。而你嫉妒這些孩子，擔心他們站得太高，會掉下來，但是他們不會掉下來，他們覺得這工作很容易，很愉快，很好玩。孩子可以從高處鏟雪，路過的行人都會讓開，抬起頭看著站在高處的他們。

如果我是國王，我會在冬天的第一天命人從堡壘發射十二次禮砲，昭告天下今天不上課，就讓禮砲的隆隆聲取代學校的鐘聲。

在所有學校的地下室或閣樓都會有箱子、木條和木板。

就讓這一天成爲孩子們的第一個雪橇日。

電車和汽車在這一天禁止行駛。我們的雪橇和鈴鐺會佔領城市裡所有的街道、廣場、小草地和公園。下雪的第一天，會是所有孩子的白色節日。

我上學的路上就在想這些。

現在——到了學校，就只有上課了。我知道這不是學校的錯，但我滿心憂愁。爲什麼？嗯，因爲要在椅子上坐五個小時，只能讀書和解題。

「老師，下雪了。」

「老師，我昨天說的沒錯吧？」

老師一開始溫和地叫我們安靜，之後就變得比較兇了。她對我們感到不耐煩，但是無法反駁我們，她知道我們是對的。嗯，因爲我們確實沒說錯啊。

「老師！」

「安靜。」

之後她會說：「誰再講話，誰再叫……我警告你們最後一次。」

她會威脅我們。

所以是我們的錯囉？是我們害的？不是怪雪，而是怪我們，一直都只怪我們？

我們昨晚睡在床上，我們甚至沒看到下雪（我們可以找家人來作證），它是自己從天空落下的。如果不能說，如果得假裝我們沒看到、不知道下雪了，如果知道下雪，說出「下雪了」、爲下雪高興是件不得體的事——好吧，那也沒辦法，那就如此吧。

只有一個人被叫去角落罰站。

我和全班一起安靜了。只有幾個人不安地看著窗戶，又看看老師，希望老師會改變心意。但是沒有，我們全都安靜無聲，教室裡只剩下上課的聲音。

我們沒有十二聲禮砲歡迎孩子來到令人愉快的冬天。

有人說了某件無趣的事。

我打開筆盒，數數我有多少鋼筆筆尖。

「一個，兩個，三個……大的，小的……一，二，三，四，五。一個沒有尖端了，尖端碎裂了，一定沒辦法寫了。」

我把它拿出來試試看，還可以寫，只是線條很粗。

十一個筆尖，十一個。
然後就沒事做了。
他們在說無趣的事，關於男孩或鄉下人。
我打了個呵欠。
「上課不可以打呵欠。」
我隔壁的叫我站起來。我站了起來，我猜到，是因爲我打呵欠，所以老師叫我起來。
「好好坐著，不要靠在椅子上！」
我坐得直挺挺的，打呵欠也偷偷打。
「看黑板！」
我看著黑板，然後看到雪又在窗外飄，但是我甚至已經不在乎了。
我安安靜靜坐著。
「重複一遍。」
什麼？

「去罰站，你沒有專心上課。」

我慢慢地走到角落。

「快點。」

有人大笑。在班上常會有人這樣笑，不知道爲什麼。有時候，大家也會跟著一起笑。

我腳痛。不，不只是痛，而是痛到快斷了。眞奇怪，我的腳有力氣跑步、滑雪、溜冰，但是現在卻沒力氣罰站。不是因爲我不想，不是頑固，不是懶惰，不是「和老師唱反調」，而是很誠實清白的疼痛，眞正痛到我站不下去了，彷彿有人把我的腿抓到手中，然後像棍子般折斷。

叫孩子去角落罰站是很嚴重的處罰。我很虛弱，坐在椅子上讓我很累，我沒辦法坐直，於是靠在椅子上，現在我還得站著。

我試圖讓自己高興：「在角落罰站比較好。如果大家開始鬧，至少我不用和他們一起負責。」

他們確實可能會開始鬧。因爲在表面的安靜下，藏著許多祕密的不滿和報仇的欲望，只是在等一個密語，就會爆發。會有那個敢開第一槍的人嗎？只要有一個人開始，那可不是小小吵鬧一陣就可以解決的。我很清楚，我已經看過太多這樣的事了。

有人用筆尖去戳椅子，他把它壓進去，然後放手，筆尖就發出叮叮的聲音。老師還沒聽到，但是我們聽到了——這是第一個小小的、還有點膽怯的嘗試。你很難抓到這種事，因爲筆尖插得很深，但是只要輕輕一壓，就會發出叮叮聲。

第二次已經比較大聲了。

「是誰弄的？」

沒有人回答。

現在已經有兩個人在這樣搞了，他們輪流作怪。

這堂課什麼時候才要結束？總不能永遠這樣上下去吧。如果牆上有鐘就好了。爲什麼沒有？爲什麼老師可以知道時間，而我們卻要在絕望中受苦？

「我問是誰弄的？歐謝夫斯基，是你嗎？」

「我？我什麼都不知道哇。」

「那會是誰？」

「我不知道，爲什麼老師一開始就說是我？」

全班從昏睡中醒來了，事情開始變得有趣。我們在等下一個，比之前更冒險的叮叮聲。老師已經猜到聲音傳出的方向了。現在有第三個人加入，好讓老師搞錯。他現在一定在把筆尖從筆盒裡拿出來，做出無辜的表情，然後把筆尖插到木頭裡。

「請把手背在背後。」

下課鐘終於響了。

你們現在明白了，爲什麼（雖然這樣很無聊）學校要求孩子要手牽手，兩個兩個走出教室。

因爲我們現在可是一窩蜂地、像風一樣地衝向大門啊。

學校的門應該很寬敞，這樣火災或下雪的時候才能派上用場。

我們又推又擠，爭先恐後，生怕浪費了一分一秒。我們必須拯救快要無聊死的自己，而我們眼前有這麼長的路途、這麼多阻礙：狹窄的門、擁擠的走廊、樓梯和通道。我們每個人都必須第一個到中庭，所以我們用手肘、膝蓋、胸口、頭部推擠，擠出一條生路，因爲每個人都想摸到冰得燙人的雪，因爲玩雪而氣喘吁吁。

雪已經在我們眼前若隱若現——終於！

我們匆忙、隨便地捏好第一個雪球，然後就扔了出去！隨便扔誰都可以，他不會生氣的。這是最好玩、最美妙的遊戲，而且不會傷到任何人。沒有人必須爲此鼓起勇氣，也不必冒險。

工友知道，我們會把樓梯弄髒。老師躲在辦公室抽菸，假裝他們不知道我們在玩雪，因爲玩雪不好。而這是屬於我們的下課十分鐘。在大人的默許下，我們像是雪崩、風暴、自然中的能量一樣瘋狂地玩耍。

我們打起雪仗，子彈（雪球）的射程就是我們的手臂所能拋出的距離。我們和一個人打仗，也和所有人一同混戰。在這場戰爭中沒有敵人，我們不想傷害任何人，但是肯定要有一個勝利者，我們不會去算誰發射多少子彈，或被射中多少次，不在乎是否射偏，也感覺不到別人的暗箭。最重要的是，到最後要能挺住廣場上來自四面八方的槍林彈雨。

已經有人狠狠摔了一跤，有人在檢查，襯衫或內褲是不是撕破了，已經有人灑下第一批淚水。

我們感覺不到傷勢，不會同情淚水。只有最可怕的事才會讓我們停下遊戲：也許是窗戶被打破，或是有人眞的流血。但是誰知道，遊戲會不會眞正因此停止？也許只是中場休息呢？

這場戰爭沒有計畫，也沒有司令。每個人都和每個人打仗，每個人也都是每個人的對手，只有偶爾才會聯手對付敵人。

現在我就和其他兩人一起對付另一個。我們把他逼到牆角，他頑強抵抗，但我們步步逼近。他腳下已經積了一堆雪，他現在不是用雪球丟我們，因爲來不及做，只是用雪灑我們，但這一點都傷不到人。後來，他甚至無法彎身下去拿雪，因爲我們已經近到胸貼著胸了。

「你要投降嗎？」

「不要！」

他是對的。

因爲三人中的其中一人，突然拿雪球丟自己的同盟。背叛在戰爭中是兵家大忌，但這不是背叛，只是一個密語——要我們分散開來，快點跑去更有趣的地方。

他不投降是對的，因爲在最後一刻，他的救兵來了。我們突然被人從背後襲擊，雪球像下雨一樣朝我們飛來。他趁亂逃走，雖然他很虛弱，而且從頭到腳一片雪白，但他沒有被打敗。

我們三個其中一人，在最後一刻來不及捏雪球，於是抓起一把雪，塞到對手嘴巴裡（或是塗到他臉上？），還用隨手撿起的小石頭刮人。老實說他不可以這麼做，但是打仗哪有什麼規則呢？

我們就這樣分頭跑走了，不知道我們剛才和誰一起打仗，還有誰是我們的對手。士兵和部隊就這樣聚集、分散。認識的、有點認識的、剛才看過的、完全陌生的面孔，在我們面前出現又消失。

我們不是和彼此爭鬥，而是和時間。每分每秒都必須好好利用，一刻都不能浪費。我們要把這可以盡情奔跑的時間用到見底，把它的汁液擠光，吸出最後一滴精華。

我和另一個人一起躺在雪地上，我躺在他上方，故意放鬆身體，讓他知道他可以復仇，可以把我壓在他下方一瞬間。他馬上就懂了，我們兩個同時翻身而起，手牽著手（或是往不同方向？）跑開。

我們唯一的野心是：把這場仗打好打滿。抓住、吸收最多印象，搖撼每一條肌肉纖維和神經，把儲存在肺部的空氣完全清空，讓血液千百次湧過心臟。

我們可以在遊戲中完全瘋狂，這不是紅色的瘋狂，而是白色的。而這一切都不會被遺忘。這些美麗的片刻、強烈的印象會幫助我們熬過剩餘的無聊課堂。

孩子在成長——對吧？他們的身體和靈魂都會長嗎？我渴望提出這個科學發現——在這樣的休息時間，孩子成長得最多，我想要堅定地說服人們這一點。

啊，鐘響了。沒關係，這樣更好。鐘聲會讓我們更有力氣玩，就像是行軍時的樂聲。如果在鐘響前，我們還爲了保留力氣，有一點點矜持，現在我們則完全放手一搏。我們要把力氣用盡、用到底、把最後一點點碎屑般的能量完全傾倒出來，像是清晨前的最後一支舞。

這是關鍵、危險、瘋狂的一刻。此刻，已經沒有任何算計和思量。就是在這種時刻，孩子最常打破玻璃，太用力踢球以至於把球弄不見，也最容易摔斷腿。這時候，最容易突然出現短暫的、意料之外的激烈爭鬥。你爲什麼打他？不，不是因爲你不喜歡他，或是早就想找他報仇，而是因爲鐘響了，馬上就得進教室。他無心地推了、打了你，要是鐘沒響，你就會放過他，根本不會去管他，但是現在鐘響了，你於是感到不滿，而且你不會放過他。之後你自己也覺得奇怪、羞愧、後悔。其他同學也感到難過，因爲他們沒有及時出手阻止。

因爲，讓這樣美麗的遊戲蒙上污點很可惜。

美麗？

我們的語言是多麼窮酸啊。不然你要怎麼講？

「我們追來追去，玩得很高興。」

如此而已。

如果我是工友，我就會讓鐘聲響久一點，特別在這下了雪的下課時間。因爲當鐘響的時候，我們不了解它的意義，鐘聲只是讓我們玩得更瘋。直到鐘聲消逝，接下來的寂靜才會讓我們明白，我們的遊戲已經不合法了，它開始令人害怕，也變得不可預測。孩子們的隊形散了，原本在窮追猛打的也收手了，你可以看到大家的動作變得遲緩，眼神充滿不確定。你不再信任、信仰遊戲，也失去了自信——你知道必須放手，但是這會帶給你恐懼、孤立和被背叛的感覺。

寂靜，但是第二道鐘聲隨時會響起，那時就太遲了。

我們於是往玄關跑去，負責清潔的工友一定會在那裡等我們。

「把腳擦乾淨！」

就在這時，那個最後走的人，在最後一刻丟出了最後一顆匆促捏好的、堅硬無比的雪球，丟向聚集在門前的群眾。不管他是手歪了，還是眼睛沒看好，或是故意想要報仇所以丟偏——無論如何，雪球沒有丟到群眾身上，而是飛往窗戶。

如果我再次是個大人，我會大聲、堅定地說出以下這個事實，把它列為日常生活守則的一部分。

我們一年有權利打破幾扇窗戶？你說：一扇都不行？這太瘋狂了！連你自己也知道不可能。

玻璃是腓尼基人發明的。十幾個世紀過去了，難道還找不到更堅固的東西嗎？化學家和物理學家在幹嘛？真的不能用別的東西來做窗戶嗎？

就讓窗戶不要破吧。窗戶會破，是它們自己的錯，不是我們的。為什麼我們得突然因為恐懼而身體僵硬、呆若木雞？為什麼我明明沒做錯什麼，卻得躲起來、逃離犯罪現場？爲什麼我們突然意外地集體成了犯罪者？

爲什麼在五分鐘後，在——嗯，六分鐘的下課時間後，我又要對上那充滿壓迫感的目光，聽到那可怕的問題：「是誰？」

「不是我。」

雖然我說的是事實，但我卻感覺好像在說謊。我應該說：「發生了意外，但不是我做的。」

我知道我身上有痕跡。他會說我身上沾了雪。但是我就像大家一樣丟雪球，畢竟，可以玩雪啊。但是，我眞的敢肯定嗎？也許不能玩？我匆匆忙忙地趕進教室，因爲我想趕上，我一定會趕上。但是我眞的這麼確定嗎？也許不行，也許我應該在鐘響的第一刻就進教室？但是你有可能這樣馬上、立刻結束遊戲嗎？

「我沒有。」

我丟出了幾個符合規定、無辜的雪球。只有幾個嗎？我不知道幾個。我要只數那些做好的、成型的、圓得完美無瑕的雪球，還是也要把在匆促下完成的半個雪球、四分之一雪球也算進去？

哈！找到了一個可惡的說謊小鬼！他說：「我只有丟兩個，在那邊，遠遠的。」

狡辯的小鬼，騙子，說謊者。

我們所有人都被綁在這不幸事件裡。我們感覺，那個我們之中最不幸的人是無辜的。確實，玻璃破了，但玻璃不是被他，也不是被任何人打破的，這是一件意外。這是我們眞心的感覺，但是面臨被羞辱的危險，我們除了簡短的：「不是我。」什麼也說不出口。

我們不情願地說：「不是我。」甚至這不情願，也是被逼的才會如此。

因爲你們說說看吧：我們眞的不可以打破任何一扇窗戶嗎？

如果一年可以只打破一扇窗戶，就讓它發生在此時此地吧。

我知道你們不會回答的，因爲你們不知道、不明白什麼是雪，你們甚至不想認識它，你們輕視它。

所以就讓我來說吧：

像今天這樣的下課時間，一生中沒有幾回的。有時候在一整個冬天，都沒有一節像是這樣的下課。因爲天氣必須夠暖和，不然雪會太鬆散，無法捏成雪球，而且手會凍僵。雪必須夠濕、夠深。天氣也不能太暖，不然雪會融化。它必須在深夜或清晨落下，這樣人們才會來不及把雪鏟走。必須是初雪，而且要沒有人動過，這樣裡面才不會有任何碎冰或土塊。我們了解雪、崇拜雪，我們是從靈魂中去感受雪的。

我們知道，你們生我們的氣。有時候你們是對的，確實，我們很愛在沙發上跳來跳去。你們說，沙發會壞，彈簧會斷掉。但它不會馬上、立刻就斷掉。如果沒有人跳沙發，沙發可以坐十年都不會壞。我們如此相信，雖然我們才活了十年，無法確認這件事。

你們不准我們在門上敲堅果，你們說門會壞。這就更奇怪了——門是房子的一部分，房子又高又大，可以矗立幾百年。好吧，既然你們這麼說。甚至連門把都不能玩，不能在上面吊單槓，雖然它是鐵做的，但有可能會壞。眞奇怪！我們來到這世上還不久，才剛開始認識它。而你們，還有整個世界——都好奇怪。但我們不是在說你們壞心。鐵也會壞？那好吧。

衣服會撕破？可惜。

玻璃會破。而且隨便弄一下就會破。是它們自己破的，不是我們弄的。世界很強硬，不會退讓。我會撞到地上，碰到牆壁或窗臺、衣櫃、桌子、角落……好痛，這些東西通常都讓我痛得要命。

突然，神明大發慈悲，給我們送來一塊柔軟的白色毯子，像是親鳥給雛鳥鋪了一個巢穴。綠色的草地不見了，而且要過一陣子才會再次出現。平常草地是被圍起來的，不可以踩。而白雪，你愛怎麼對它就怎麼對它。

有些雪球天真無辜，有些雪球心懷惡意，有些雪球像是狡猾的步槍一樣高貴，有人性的戰爭會禁止它。它是置人於死地的武器，是炸彈和手榴彈。但對你們來說，雪球是會打破玻璃的玩意兒。沒辦法，這就是戰爭。

甚至，也不是我打破的。「那是誰？」

聳聳肩。「我不知道。」

我眞的不知道。就算我知道，我也不知道。我只是覺得是他做的。如果你們心平氣和地詢問、仔細思量，我一定會去問出答案。等一下，我沒辦法完全肯定是他、只有他一人、而且一定不是別人。

我也在跑，因爲鐘響了，因爲我已經遲到了。我很累，心情愉快，但是也滿心恐懼。我可能會看錯、想錯。

有兩個嫌犯，一定是其中一人幹的。是誰的臉孔一閃而逝？也許眞正的犯人另有其人？也許是不知道從哪裡飛過來的雪球？確定眞相需要時間，而老師只想趕快找到答案。

而且，應該要讓別人去回答啊。他們站得比較近，也許看得更清楚。我們心情低落地站在那裡，站了好久，久到令人無法忍受。我問自己，在何等不尋常的情況下，這種事才會發生在一個大人身上？我只想得到一個例子。

有一次我在參加一場遊行，突然聽到一聲槍響。警察包圍了我們，問：「是誰開的槍？」在那次事件中，警察進行了調查，不管我們的回答是「是」或「否」，都被認眞看待。而在這裡，大人處理我們的事情很隨便，只想趕快把它處理完了事。爲何如此？爲什麼我們沒做錯什麼，卻常常遇到倒楣事？爲什麼大人可以不公平地懲罰孩子，還認爲這只是件小事，而且不需爲此對任何人負責？

下一堂是宗教課，這堂課平安無事地度過了。

我開始胡思亂想。我想到被法老王打入大牢的約瑟，他會解夢，因此後來成了法老的左右手，過上好的生活。但是之前他被兄弟背叛、被人誣陷、長期被監禁在暗黑的地牢中，那是多麼艱苦的日子啊！我不久前才在角落罰站，我就這麼痛苦了！我站的地方是教室，還可以看到窗戶，而且我知道只要站到下課鐘響就好。爲什麼我們不知道約瑟的埃及監獄長什麼樣？還有他受了多少年的苦？我好同情約瑟，想要爲他哀悼，但我不知道要爲他難過多久。老師上課上到愛斯基摩人時，我想知道關於愛斯基摩人的一切，現在我則想知道關於約瑟的一切。我有很多疑問。爲什麼大人不喜歡我們的問題？這些事已經年代久遠，他們也可能不知道答案啊。爲什麼大人不喜歡承認他們不知道？他們可以去讀書，或問知道的人。或許他們不知道，但他們可以用猜的嘛，他們應該比我們更容易猜到。

以前在學校甚至沒有圖畫，在我的時代也沒有電影。孩子沒電影看，生活有多無聊啊！以前我們會聊山脈、海洋、沙漠、古代的戰爭和野蠻人，我們談得越來越熱切，希望可以看到所有這一切。現在，當我們從黑暗的電影院走出來，我們可以說：「我去過那裡，我看到了。」

班上的雜音驚醒了我。我們已經休息夠了，精神飽滿，希望聽到讓我們能盡情玩樂的十二聲禮砲。

我的背在痛，是現在才開始痛的。剛剛那擊中我的雪球一定很硬。雖然痛，但只是小事一樁，甚至令人愉快。這樣的小病小痛，就像父親給孩子看的小傷痕，是令人驕傲的，甚至一點也不會痛。父親還會說：「沒事，只是愚蠢的小事。」

我轉過頭，剛好看到揚內克。我剛剛丟的雪球不偏不倚擊中他的額頭，讓他的帽子都掉了……他馬上就察覺到我的目光，對我微笑，他的眼神彷彿在說：「給我記住。等著我，等一下我就給你好看，這次我不會放過你。」

我不知道是孩子比較常微笑，還是大人。但是有件事我可以肯定：大人的微笑不像我們的微笑那麼有意義。我們用微笑溝通，有時候我們的微笑訴說的比我們的話語還多。

孩子心照不宣地看著彼此，心照不宣地微笑。大人顯然明白這一點，因爲他們禁止孩子在課堂上東張西望、對彼此微笑。

如果我再次是個老師，我會試著和學生達成共識，不要讓班級形成兩個陣營：一邊是大部分的學生，另一邊則是我和幾個馬屁精。我會試著讓大家都能開誠布公。

比如，在下雪的第一天，我會突然在課堂上拍手，說：「現在請大家好好記著，你們當下在想什麼。如果有人覺得不好意思，就讓他說：『我不想說。』不要覺得被強迫。」

第一次不會成功，但是我會多做幾次。當我注意到大家不專心上課時，我就會這麼做。

然後我會一個一個問他們：「你在想什麼？你在想什麼？」

如果有人說他在想課堂上的事，我會問：「眞的嗎？你該不會在騙人吧？」

如果有人微笑，而我注意到他不想說，我會說：「如果你不想告訴大家，你可以偷偷告訴我，或者我下課再把你說的寫下來。」

他們會問：「老師，您要知道這些做什麼？」

我會說：「我想要寫一本關於學校的書，好讓所有人知道，孩子上課總會有分心的時候。也許冬天的下課時間應該要比較長，也許在好天氣的日子，孩子會累得比較快。許多人寫了關於學校的書。人們做了越來越多新的改革，這樣學生和老師都可以過得更好。嗯，因爲你們上完學就畢業了，而我們老師可是一輩子都在上學啊。」

他們都很驚訝，因爲他們從沒想過：老師也要去上學，也要在學校度過許多時光。現在就讓我們每個人來說說，大家想要改變什麼。我先說吧，老師最常喉嚨痛和神經痛，這就是爲什麼我們老是生氣。

當他們已經開始坦然說出自己上課在想什麼，我會開玩笑地說：「那些上課不專心的人，我要給他們一分囉。」

「喔喔喔，老師您好奸詐。」

我會說：「說老師奸詐並不好喔。」

他們說：「爲什麼？」

我會解釋。然後說：「那，如果給那些說他們在想上課內容的人打一分，這樣如何？」

一群人會叫：「好，好，好！」

另一群人會抗議：「我們做了什麼？我們眞的有專心上課呀。」

我會說：「你們沒專心。」

「爲什麼？」

「今天下了初雪，你們都沒專心。」

「嗯，因爲雪不是上課。」

「也許今天不給你們打一分？」

「今天不打，以後也不打。」

「不打一分很難管你們。」

「但是得到一分我們很難過。」

「給你們打一分我也很難過。老師寧願給學生打五分。」

「那就我們打五分。」

「可以這樣做嗎？」

「不——行——啦。」

我們會這樣開著玩笑，直到下課鐘響。

想想看，這眞奇怪！我想當個孩子，而現在我又在想，長大後我要做什麼。看來，小孩和大人的日子都過得不是很好。小孩和大人，都各有各的擔心和憂愁。

也許甚至可以如此：人們會有時當小孩，有時當大人。就像有冬天夏天、白天夜晚、睡著和醒著的時候。如果是這樣，就沒有人會覺得別人奇怪了，大人和小孩都更能理解彼此。

下一節下課，我們的遊戲就比較平和了。我們已經約好誰要和誰一起玩，而且雪已經被我們踩硬了，比較難做成雪球。有人依然試著做雪球，但是更多人玩雪橇。一個男孩會在後面當車夫，兩個在前面當馬。我們拉起繩子，一個接一個牽著，彷彿我們是消防隊、雪橇隊或砲兵隊。

每個人都可以有自己的想像，但是我們會比誰的馬比較好，或者誰的車比較好。一開始大家都規規矩矩，但是後來就開始撞來撞去，因爲每個人都會開到別人的路上。我們出了慘烈的車禍，大家跌成一堆，互相推擠。在遊戲中，你總會遇到一些瘋子，也總會有人哭。有人的手被踩了，有人用鞋子踢人——很痛，因爲上面裝了鐵。而且他還被人用力壓著，幾乎不能呼吸。

我們之中不是每個人都喜歡瘋。完全不是。有時候我們寧可不要玩，也不想和會推人、尖叫和打人的野蠻傢伙玩。他們會因爲好玩就去推人，馬上就會用盡全力打骨頭或胸口，目的就是爲了使人疼痛。他們根本不會注意任何事，會推人、撲上去、抓別人的衣服，根本毫無理智可言。

好多次，孩子想玩遊戲，但卻說：「我不想玩。」原因就是：有那個討厭鬼在。

「如果他要玩，那我就不玩。」

就讓其他人自己去選擇。

有時候孩子害怕誠實地說出事實，因爲那個討厭鬼會打擾遊戲、會記恨、會來找麻煩……

爲了省麻煩，孩子於是說：「我不想玩。」

他們自己會猜到，好吧，不玩就不玩。

但還是很令人難過。

如果是在一棟樓的院子裡，你可以輕易分辨誰是野蠻的討厭鬼，誰不是。但是在學校裡，你沒辦法認識所有人，所以你比較容易遭遇不幸，而你也沒時間和別人約好。

所以，當你在學校裡玩，如果有人在第一次的遊戲中表現出色，受人喜愛，之後大家都會跟他一起玩。他會下達指令，其他人都會附和。但我們得承認，瘋子（我們就是這麼叫那些討厭鬼的）也常常會提出好主意，只是他們無法將好主意付諸實現。

當然，我們也會撞到彼此，就像電車撞到汽車，或是兩架飛機互撞。但是只有兩個相撞，而且只有擦撞到。

所以，我們奔跑、追逐、閃躲。當我們看到某個瘋狂的三人組故意跑來撞人，我們會讓到旁邊停下來。

「走開！我們不想和你們相撞！」

整節下課，兩輛瘋狂的汽車就到處橫衝直撞。

我們的三人組合作無間。只有一匹馬撞到了頭，那時剛好我們在逃離一輛瘋狂的汽車，然後另一輛又從旁邊撞了過來。我那時已經來不及讓馬停下來，然後就砰的一聲撞上了！他甚至沒哭，只是說，不想再當馬了。

我的扣子也被人扯下了，但是我撿起來收好，這樣可以回家縫。

只有一個地方是炸彈轟炸區。你如果要進入這個區域，就要快馬加鞭，才能躲過槍林彈雨。

沒玩過這遊戲的人，不會知道我在寫什麼。因爲重點不只是跑來跑去，還有你的心理活動。玩牌或下棋只是丟紙牌或移動木頭而已。跳舞——不過是轉圈圈。如果你有玩過牌、下過棋或跳過舞，就會知道。

不可以輕視遊戲，也不可以干擾它。不可以馬上中斷遊戲，也不可以強迫孩子接受一個令人不快的同伴。

如果我是馬車夫，我會想要有一匹大小適中的馬。我希望馬兒活潑但聽話、聰明且理智。如果我是馬，我不會想要一個笨蛋或殘忍的傢伙來當我的馬車夫。因爲我自己會決定我要跑多快，我不想讓人扯我、打我或推我。當馬和馬車夫的時候，我的感覺都不同。而你們知道些什麼？你們只知道我像馬一樣噴氣，不耐煩地換腳站著，還有我會吆喝：「駕！駕！」

當我是消防隊員，我會抬起頭四處張望，看看有沒有哪裡失火——當我看到黑煙，我趕緊奔去的方式，和我當砲兵隊，抬著大砲就位的跑法，是不同的。人們看到消防隊會讓路，而看到砲兵隊，大家則會覺得那是敵人，於是就會開火。這時，我會特別提高警覺左顧右盼，以免陷入埋伏。當我是救護車時，我則會想：我現在要去救的人是誰？是被車子撞到的小孩，還是自殺者？他是上吊還是中毒？我會想很多事情，而不會只是像個笨蛋跑來跑去。

再說，我們現在盡情奔跑，也是爲了接下來的無聊課程做準備。我們又得坐在那裡動也不動一個小時了。

喔，終於放學了，現在我們可以回家了。

我不知道今天要不要和孟德克一起走。如果我只有一條回家的路，而我開始和某個人一起回家，之後就得一直和他一起走。這可能會令人不快，但是那時候已經很難和他分手了。你得和他好好吵一架、甚至打一架，才能恢復單身，然後再和別人一起回家。

有一種人是大家都不想理的，所以他們每天都去纏著不同的人一起走。有些人寧可自己獨自回家，但是這種人很少。有些人喜歡和一群人一起回家。但是最常出現的組合是兩人一組、三人一組。兩人一組的是好朋友，第三個人要不就是邀請來的，不然就是不請自來，原先的兩個好朋友會仔細端詳這人是誰。有些人很容易嫉妒，不喜歡三人行。這種人很討厭，他們看起來就像是把你買下，讓你當他們專屬的朋友。

如果甲想和乙一起回家，但乙覺得膩了，或是選擇和丙一起回家，甲就會覺得很受傷。乙於是得偷偷溜出學校，讓甲找不到他。如果甲夠敏感，就會明白，然後自行離去。但是也有些人會大吵大鬧，把兩人的祕密到處去說，或講朋友的壞話，然後把原本彷彿是朋友的人變成死敵。

一起放學的人，未必會是你的好朋友。因為你的好朋友可能住在反方向，你甚至連和他一起走一段路都不行。所以你會和甲當好朋友，和乙一起放學。但是好朋友就像兄弟一樣，甚至比那更多。只是你比較了解兄弟，所以不會搞錯。而友情則是建立在言語上，你以為你的朋友會說話算話，但是你可能會搞錯，因為他可能前後不一。在你眼前和在你看不到的地方，他的表現會不一樣，說的話也不一樣。如果你和兄弟處不來，那也沒別的辦法，你和他吵架，最後還是得道歉。而和彷彿是朋友的人，你可以在吵架後分道揚鑣，從此不再往來。

在我第一次當小孩的時候，我也有各種好朋友。第一段友誼維持了一年，但我只有頭幾個月喜歡和他在一起。後來我發現，他會引誘我去做壞事，我就慢慢等他自己離開，但是他沒有離開。後來，他留級了，於是我就這樣擺脫了他。

第二個朋友也不是很上進，但是我和他比較容易吵架。我給了他幾個禮物，借了他五六十分錢，然後，我就用這種方式打發掉他，買到了自由。

之後有很長一段時間，我很小心。不同的人會來接近我，我會和他們一起回家一兩次，之後我會假裝我必須去某個地方，或是把鋼筆忘在學校，必須回去拿，或是在下課前就準備好所有東西，鐘一響我就拿了大衣，拔腿就跑。第二天，我的朋友會說：「你昨天跑哪去了？我一直在等你，還去找你。」

而我說：「我也不知道呀，我是自己回家的。」

最後，我找到了一個眞正的朋友。但令人遺憾的是，他不常來學校。我想和他坐在一起，沒有他，我下課根本不想玩耍。但他經常不來上學，而且越來越頻繁。我們在街上不會搗蛋，因爲他走得很慢。

其他孩子說：「你和他在一起不無聊嗎？他走路拖拖拉拉的，個性又軟弱，他還會和女孩親嘴。」

他根本一點也不軟弱，只是有心臟病。他不會和女孩親嘴，只是有個小表妹。我們那時候已經很大了，在念四或五年級，而他的小表妹在念一年級。有時候我們會在街上遇見她，她會來親親他。她還很小，而且是他的表妹，親一下又怎麼樣了？

我還有一個朋友，他比我高兩年級。有時候高年級的朋友會和中低年級的朋友一起回家，如果他們剛好在同一時間下課。有一次回家時，他叫我等他，然後他就和他的朋友一起走，邊走邊聊，彷彿沒看見我。我在旁邊走著，覺得自己就像車子的第五個輪子一樣多餘。我看到他很忙，於是走到對街，看他會不會問我爲什麼離開。但是他沒有任何反應。我沒生氣，只是想：「我才不要他的可憐。」於是這段友誼就這樣結束了。

我記得這所有的一切，現在我比以前更謹愼了。我寧願等待，等著找到一個好朋友，不只可以和我一起追逐嬉戲，也可以和我天南地北。不只是聊學校的事，還有其他各種事。

所以我獨自走著，孟德克在半路追上了我。

「我在學校找你。」他說。

我沒回答。我們肩並肩走著。他問：「也許你不想和我一起走？」

我注意到他是個敏感的人，因爲其他人是不會問的。

我說：「我當然想。」

他仔細端詳我，想看看我是否認眞，還是隨便說說。我們相視微笑。

「你想追電車嗎？」

「欸，每天追太累了。我今天下課時已經跑夠了。」

我們在商店櫥窗前停下。

「喔喔，你看，好漂亮的圓規！你看到沒，尖端是用來固定的，另一邊則可以裝墨水，用它就可以畫一個大圓。你覺得這樣一支圓規要多少錢？你想要嗎？喔，你看，那是金色的墨水。看，好小的墨水瓶，可以在旅途中用。我得買一支小水彩筆，但不是在這裡。法蘭科斯基是在街角那家店買的，已經用了一個月，還好好的，而我買的才用沒多久毛就分岔了。眞是黑心商店。如果你父母允許你從這裡面買一樣東西，你會買什麼？我會買圓規，和那個小黑人。」

「這是兩樣東西啊。」

「那就買圓規。」

在隔壁商店，我們則各挑了一大片巧克力——我是說，如果父母允許我們買的話。

之後，他則幫媽媽選了一個花瓶，而我挑了一個娃娃給伊蓮娜。

鐘錶店的櫥窗擺了戒指、寶石胸針和手錶。我們並不貪心，我們只看手錶。我們討論了很久，到底腕錶好，還是懷錶好。

因爲啊，我們孩子和你們大人不同。我們不在乎物品的市價。我們只知道什麼是需要的東西和不需要的東西，我們隨時都準備好拿昂貴的卻沒有意義的東西去換我們眞正想要的東西。如果你們仔細研究我們交易的祕密，會發現，孩子對詐騙的定義和大人的完全不同。

在我第一次當孩子的時候，我曾經得到一雙冰刀鞋。那時候，冰刀鞋還是很稀有、很名貴的禮物。我拿這雙冰刀鞋去換一個櫻桃木做的筆盒，筆盒圓圓的，上面還有一個哈巴狗。哈巴狗缺了一隻眼睛，但是很可愛。我每天都要用到筆盒，而冰刀鞋不是每天都會用到，而且那年冬天很暖和，沒有結冰。當我的家人發現這件事，他們痛罵了我一頓。我必須把東西換回來。我覺得很丟臉，因爲如果冰刀鞋是我的，我應該想拿它們怎樣就怎樣啊。我比較喜歡有木頭香味、上面還有個瞎眼哈巴狗的筆盒，這又妨礙到誰了？和我交換的人根本沒騙我，我知道冰刀鞋比較貴，但是我想要的是筆盒。你想想看嘛，如果你在沙漠裡，你不會用一袋珍貴的珍珠去換一壺水嗎？

我們討論了很久，我們要在家具店裡買什麼。我們想要買一張有上鎖抽屜的桌子，但是大人會讓我們買嗎？也許可以買給父母？但是有一張自己的桌子——即使很小——是一件多麼棒的事啊。

我們開始談我們的家。孟德克說，他的家讓他感到不舒服，因爲他父親會喝酒。有個酒鬼父親是很不幸的事。人們應該禁止酒鬼結婚，因爲之後他會折磨妻兒。

「每次發薪水的日子，我們都很害怕：爸爸是會把錢帶回家裡，還是我們會挨餓一個星期？想想看，這樣做有什麼快樂可言？當他喝了酒，整個人都神智不清。而當他睡飽了醒來，則覺得很羞愧，而且還頭痛。」

「你不能勸他停止嗎？」

「我跟他說有什麼用？媽媽哭過、罵過、也詛咒過他了，他每次都會承諾不再喝酒，之後又故態復萌，像個小孩一樣。」

「也許你可以好好地、溫柔地對他說。」

「我覺得很羞愧。有一次，我和父親去鄉下看朋友。他們在那裡喝酒，父親說，他不想喝，因爲他對媽媽發誓，他絕不會讓伏特加靠近他嘴邊。那時候他的朋友就開始勸酒，說只喝一杯就好。我拉著他的袖子，因爲我知道如果他喝了一杯，就會喝更多。他站起來對我說：『走吧，我們去河邊。』然後我們就走了。雲雀在樹上歌唱，路邊的麥穗好像在對我們彎腰鞠躬，陽光照耀，一切都好美，好令人愉快。父親牽著我的手。然後我們在河邊坐下，爸爸再次牽起我的手。他的手抖了一下，彷彿被蕁麻刺到。我說：『爸爸你看，不喝酒比較好呀。』然後爸爸看了我一眼，他的目光讓我感到羞愧無比，讓我為他好難過，因為他的眼神是那麼悲傷。你知道，有時候狗兒在哀求你，或是害怕你會打牠，就會用那種眼神看著你。我知道人和狗不同，但我就是想到了這個。不管發生什麼事，我不會再對父親說這句話了。因為你看：他彷彿是猜到了我的心思，他一直看著河水，看著，看著，說，『人生爛透了，兒子。』然後嘆了一口氣。我想要吻父親的手，向他說對不起。但是他緊握著我的手不放。我不知道他是否在生我的氣，也許他覺得我不該吻他的手。他沒有再回到那群朋友身邊，只是叫我把手杖拿來給他，因為他頭痛。他不想被他們取笑。他買了麻花圈餅給我們當晚餐，我一個都沒吃，而是把所有的餅都給弟弟們吃了。我想過要吃幾個，這樣爸爸就不會以為我在輕視他。但是我沒辦法，彷彿有東西緊緊掐著我，我一點胃口都沒有。後來，他好久都沒有喝酒，一定有一個月左右吧。媽媽本來很高興，以為他不會再喝了。但後來有人告訴她，如果有人戒了酒，但是心情鬱悶，這表示他還會再喝。直到他不再想起酒精，心情舒暢，這才代表他脫離酒癮了。但是聽著：不要和學校的人講這件事，我只對你說。你不會告訴別人吧？即使我們吵架了，你也不會說？」

「我們幹嘛吵架？」

「你怎麼知道？也許我們哪天就會因爲什麼事而吵架。」

我們又聊了世界上有哪些不同的人。有人喝酒，有人不想工作，有人偷東西，有人喜歡這，有人喜歡那，有人不喜歡這，有人不喜歡那。

比如說有些人不喜歡剪指甲，因爲如果剪了，指頭就會痛。所以他們留長指甲，或是會咬指甲。

指甲兩旁有時候會脫皮，很痛。爲什麼指甲上會長白白的斑點？它們是怎麼來的？人們說，這表示幸運之花朵朵開。另一些人說，這表示有人嫉妒你。總是這樣的：大家各說各話，到最後你都不知道要相信誰，這世上的謊言眞是多如牛毛啊。

我們談了好久，我甚至因此在午餐時遲到了。因爲我先送他回家，之後換他送我，我們就這樣送來送去走了好幾次。

散步聊天很愉快，因爲放眼所見都是雪，雪。

所以我遲到了。

媽媽開始對我吼叫，問我爲什麼午餐遲到。她罵我老是跑來跑去，她受夠了老是在煮飯和洗碗，她罵我把鞋子磨破了，怪我不是女孩，如果我是就會幫她的忙。她要去學校告狀，說我長大一定會成爲一個混蛋。伊蓮娜應該當姐姐，而我是弟弟。她一定會被我活活氣死。

我站在那裡，她說的話，我連一句都不明白。

我是遲到了沒錯，但我可以吃變冷的午餐，或是根本不吃，我可以自己洗碗。

媽媽把食物放到桌上，我不想吃。她更生氣了：「你給我吃！……你還敢擺臉色，眞以爲自己是大爺啊！」

我不想再惹她生氣，所以開始吃，但是每一口都讓我食不下嚥。我根本吞不下去，只好開始禱告，祈求神讓這一餐趕快結束。

直到晚上我才發現，媽媽的連衣裙被蛾咬破了。她的命名日[1]快到了，而衣服則被蛾咬壞了。所以，是蛾幹的壞事，孩子卻要爲此付出代價？

知道了眞相，這不公平的事讓我更加疼痛。有時候不知道大人爲何發火，反而比較好。你隱約感覺到，他們遭遇了什麼不如意的事，但是你會在自己身上尋找錯處，直到你終於找到它。

我在自己的角落坐下，開始做作業。但是我很怕，哪個同學會來找我，然後媽媽又會吼：「去啊，去把鞋子磨破，你的朋友在叫你了！」

畢竟，我想要當個孩子，不就是爲了可以再次和朋友玩耍嗎？

這麼剛好，還眞的被我猜到了。有人敲了門，很小聲，只有一次，但是媽媽聽到了。

「你敢給我出去就試試看！寫你的作業！」

嗯，我是在寫作業啊，我甚至不想出門。

我感覺自己彷彿坐在夜間的田野，獨自一人，四周又冰又冷，我光著腳，而且很

1 波蘭人習慣用基督教聖人的名字給小孩命名（通常會是和小孩生日相近的聖人），之後小孩生日時，就會慶祝命名日（Imieniny）。老一輩的波蘭人把命名日看得比生日還重要，會慶祝命名日而不是生日，不過新一代的波蘭人也開始重視生日了。

餓。狼在我身邊嚎叫，好冷，好可怕，我整個人都凍到麻木了。

人眞是奇怪。本來很愉快的，但突然就陷入憂鬱。

我不是很確定這件事，但是我覺得，大人比較常感受到憤怒，而不是憂鬱。也許他們會暗自憂鬱，但面對孩子就會發怒。我們很少說：「老師今天很憂鬱。」可惜，我們比較常說：「老師今天很生氣。」

孩子比大人更常哭泣，這不是因爲他們天生就愛哭哭啼啼，而是他們的感受更深刻，受的苦比大人多。

爲什麼大人不尊重孩子的眼淚？因爲他們覺得，我們常常隨便亂哭，因爲一件小事就哭。不。小小孩哭叫，因爲這是他們唯一的武器：他一哭，大人就會來找他、關心他、幫助他。或者，他會因絕望而哭。而我們大一點的孩子很少哭泣，而且不會因爲最嚴重的事哭泣。如果我們眞的很難過，我們只會靜靜流淚，如此而已。大人也是這樣的。在最沉痛的時刻，他們會欲哭無淚。

當大人沒來由地對我們發脾氣，我們就更少哭了。我們只會低下頭沉默不語。有時候他們會問我們話，但我們什麼都不說。有時候即便你想說話，但你只是動動嘴辱，什麼都說不出來。他們說你頑劣，有時候他們會眞的暴怒，但你都不在乎了，就讓他們打吧，這樣這一切會快點結束。所以你只是聳聳肩，或是低聲自言自語。因爲你腦中盤旋著最可怕的想法和髒話，你已經不管你面前站的是父親還是老師。或者，你腦中一片空白，只是胸中充滿絕望和憤怒。

有時候你甚至聽不到他們在對你吼什麼，你一個字都聽不明白，你甚至不知道他們爲什麼生氣，只聽到震耳欲聾的噪音，腦袋累得要命。

然後他們還搖晃你、推你、打你。有時候用打的，有時候用手拉，他們以爲這不是打，所以不會痛。他們以爲只有眞的狠狠打才叫打。他們用皮帶抽，用力捏緊皮帶，像對待罪犯一樣狠狠打孩子，讓孩子痛得大叫：「我不敢了！我不敢了！」

在未來，如果有人這樣毆打孩子（也許現在比較少了，但還是有），會被關進監獄。打人的大人和被打的孩子有什麼感覺？我不知道。但是我們看到這樣的行爲，只會感到噁心、憤怒和受威脅。我們對馬的同情心，還比大人對人的同情心多。

你們也許會認爲，我們彼此也常常打架啊，所以打人只是件小事。但是我們的手很小，力氣也小。即使是在盛怒中，我們也不會打得像大人那樣嗜血……你們不知道我們是怎麼打架的。我們總是會先試探，誰比較強，然後視對方的年紀和抵抗的能力決定我們要用多少力量。他打我，我也會打他。當我們把對方制住，讓他再也不能動彈，我們就會停手。如果有人來干擾，也許我們出手會太重。或者當我們開始拉扯，就會打到鼻子，那時總是會流血。

我們明白，疼痛是什麼。

（之前有個白痴醫生說他的研究指出，輔育院的孩子感覺比較遲鈍。我還眞想打他個五十鞭，研究一下他的感覺是靈敏還是遲鈍。寫出這種論文的人竟然是個波蘭人，而且還是個醫生，眞是丟臉斃了。）

我坐著胡思亂想，想著我以前知道什麼，還有我現在知道什麼。然後我越想越憂鬱，我們小孩是這麼地小，這麼脆弱。我對孟德克感到最遺憾，因爲他父親是個酒鬼。嗯，我或許會當他的好朋友。他過得很差，我也過得不好。就讓我們當好兄弟吧。我現在是爲他受苦，因爲他，我沒趕上午餐時間。

我的眼眶一熱，於是很快把作業拿開，不想讓淚水滴到紙上。啊，不，眼淚沒有流出來，只是流到鼻子裡了。

這時，伊蓮娜來了。她站得遠遠地看著我。我用眼角餘光看她，因爲我不知道她想要什麼。但她就只是站在那裡，什麼也不說。之後她靠近了一步，但還是什麼都不說，只是站著。我等待著。她手中拿著某個東西，一下拿在左手，一下又換到右手。我知道，有好事要發生了，我心頭一陣溫暖，內心很寧靜。伊蓮娜給了我一個小玩意兒。那是好幾塊彩色玻璃組成的球，透過它看，你會看到事物變成不同的顏色。我昨天請她給我看看，她連讓我看一眼都不想，而現在她說：「給你，它永遠都是你的。」

我不確定她有沒有說「給你」，因爲我沒聽到，我只聽到「永遠」。

如此寧靜、輕柔、愉快、羞怯。

我一開始不想拿，因爲之後我們可能會吵架，或者她後悔了，就會想拿回去。然後她還會告狀，說是我拿了她的東西。你很難和小小孩溝通，因爲大人總是會來搗亂。大人會嘲笑、捉弄我們，而我們則會嘲笑、捉弄比我們更小的小孩。小小孩說「永遠」是一片眞心，但我們卻取笑他們。所以我本來不想拿，因爲我不信任她，我怕我之後會遇上惡果。但我還是拿了。我看著那塊玻璃，不只看到一隻眼睛，而是看到許多眼睛，都是不同顏色的。

我說：「我會還妳。」

她說：「不用還。」

她把她的小手放到我的大手裡，我透過玻璃看她的手——我們相視而笑。

然後媽媽來問我是否做完了作業，她說會給我坐電車的錢，要我去找阿姨，把被蛾咬壞的連衣裙拿去給她縫。我對家裡的氣氛很失望，於是想：「剛好，這樣我至少可以出去透一下氣。」

「可別把錢弄丟。」媽媽說。

我想：「女孩可能會把錢弄丟，但我才不會。」

大人們一直要我們「像個男孩」，但又要我們「像女孩一樣」乖巧、會幫忙做家事。我們做錯了什麼？神就是把我們創造成這個樣子啊。

但他們一直在說：「男孩就是這樣，就是那樣。」

我們爲了復仇，於是說：「女孩就是這樣，就是那樣。」

就像兩個敵對的陣營。

但說到底，我們自己也知道，女孩很有價值，男孩也是。

好啦，不管怎樣，我拿了媽媽包好的衣服，走出門去。

我等電車等了很久，這讓我很生氣，因爲我想趕快解決事情，趕快回家。但前面好像發生了什麼事，電車必須停下來，所以當它終於來的時候，車上擠滿了人，人們還不斷推擠。我也推擠著想要上車，我本來已經抓住門把，差一點就可以上車了，但是有人推了我一把，我於是栽了一個跟頭。我氣得要命，忍不住咒罵了一聲。那個站在樓梯上的人對我說：「你幹嘛擠上來？你幹嘛一直推？你會掉下去的！」

「別假好心了。」我想：「你才掉下去，你這個醉鬼。」

但他根本沒喝醉，我只是因爲生氣才這麼說。他神智清醒地把我推下電車，因爲他比我強壯，比我大。

我繼續等待，但第二輛電車也擠滿了人。我付了車錢，坐上電車，但是我滿心想的都是剛才那人怎麼狠狠地推了我一把。他眞是粗俗無禮，而且還是個大人——他給小孩做了多壞的示範呀。

然後，又有一個人在推我了。他把我推走，彷彿我是一具死屍，我手中的連衣裙都差點被他弄到地上了。而我對他說了什麼不該說的話嗎？每個人遇到這種事，都會像我一樣說：「小心點。」

他聽到這話，差點整個人撲到我身上，對我吼：「你才小心點！」

我只是重複：「嗯，本來就該小心。」

然後他用手擰住我的下巴。

我說：「請放手。」

他說：「那就不要亂罵人！」

我說：「我沒有亂罵人。」

然後一個老頭跑來管閒事了。他根本沒看到事情的經過，什麼都不知道，就開始說：「現在的年輕人哪！眞是混蛋！根本不懂得敬老尊賢！」

我說：「因爲他沒說『借過』。」

剛才那個推我的人對我說：「小鬼，你這麼愛聽我就說給你聽！」

「我不是小鬼，我是人，而您[2]沒有權利推我。」

「輪不到你來告訴我，我有什麼權利！」

「當然有。」

我的心跳得好快，喉嚨好緊。他們愛鬧，就讓他們把事情鬧大吧！我才不怕！人們開始圍觀了，他們很驚訝，我這麼小，竟然還會反咬大人一口。

「如果我賞你兩巴掌，你能對我怎麼樣？」

「我會叫警察來，叫他們把您抓起來，因爲您在電車上鬧事。」

所有人都哄堂大笑。他們現在已經不生氣了，只是哈哈大笑，彷彿我說了天底下最好笑的事。他們甚至從椅子上站起來，好把我看個仔細。我再也受不了了，於是說：「對不起，我要下車了。」

但是那人卻把我擋下來，說：「你才剛上車，再多坐一會兒啊。」

旁邊一個懶洋洋地坐在椅子上的胖子說：「虧你這小鬼剛才還那麼兇呢！」

我已經聽不到每個人的酸言酸語了。

2這邊的「您」是表示親疏的敬語（波蘭人會稱陌生人為「您」），和中文用來表示尊敬的「您」不同。但有趣的是，大人不會對小孩使用敬語。

「我要下車！」我大吼。

他一動也不動。

「你趕得上的。」他說：「你還年輕，幹嘛這麼急？」

我拚了命大叫：「車掌！」

終於有人說話了：「好啦，各位讓開，讓他下車！」

我下了車，大家看我的眼神彷彿在看什麼怪胎。他們一定還會繼續笑半個鐘頭。

大人命令我們尊敬大人，我眞好奇是要尊敬他們哪一點？他們只是一群粗人。十誡說：「尊敬你的父親。」但它可沒叫我們尊敬每一個比我們早出生的人啊！尊敬大人這件事眞是狗屁不通。有個酒鬼父親的孟德克要怎麼辦？「小子，小鬼，混蛋，沒教養。」喔，這樣叫我的你們，教養還眞好啊。如果老師整堂課都在挖鼻孔呢？在我們這群小鬼面前，他沒什麼不好意思的啊，而且他還可以罵我們是流鼻涕的小鬼。大人們只會羞辱、輕視孩子，等孩子長大後，也變成那種成天惹火別人的大人，這有什麼好奇怪的嗎？

我們很清醒，我們看得到、知道很多事，比大人更容易猜到、預測到很多事，只是我們必須假裝無知，因爲人們把我們的嘴封起來了。

男老師在課堂上挖鼻孔，女老師轉向窗戶，偷偷地把小鏡子拿出來畫口紅。他們以爲我們瞎了嗎？我們可是有四十雙眼睛在看耶！他們爲什麼不在督學來的時候這麼做？然後當我們有時候惡整他們，他們卻又這麼地驚訝。

畢竟，我們感覺得到，他們正在讓我們墮落。他們滿口仁義道德，但是卻教會我們陽奉陰違和盲從。他們教導我們長大後要把弱者踩在腳下，面對比我們強的人，則要卑躬屈膝。

我還記得，我們的普魯士老師在課堂上吹噓，他在色當會戰中打了勝仗。但是在第二次馬恩河戰役中他卻戰敗了，而我們勝利了，那時候我們這裡幾乎沒有學校呢。[3]

我把連衣裙夾在腋下走著，在我腦中，大人的思緒和孩子的傷痛及憤怒全都混雜

3 色當會戰（波蘭文：Bitwa pod Sedanem，英文：Battle of Sedan）是一八七〇年普法戰爭中的一場戰役，結果是德軍戰勝，法軍戰敗。第二次馬恩河戰役（波蘭文：II bitwa nad Marną，英文：Second Battle of the Marne）是第一次世界大戰中的一場戰役，發生於一九一八年，結果是德軍戰敗，法軍戰勝。雖然第二次馬恩河戰役發生時，波蘭處於亡國狀態（因為亡國，所以沒有波蘭的學校），也沒有參戰，但或許基於對德軍（普魯士是瓜分波蘭的三個國家之一）的敵意，敘事者才會說：「我們勝利了。」

在一起。我只坐了四站，阿姨家還很遠，但我寧可快步走，也不願再和那些人攪和。

回到家，媽媽生氣地對我說：「你怎麼在那裡待那麼久？」

我什麼也沒說，因爲我突然覺得，這一切都是媽媽的錯。如果不是因爲我在家裡心情就不好，也許我就不會在電車上和人吵架。我已經讓過大人這麼多次，不差這一次。還有句諺語是這麼說的呢：「智者會禮讓愚者。」眞諷刺的話，你去找找有沒有這樣的人啊。

我覺得難過，今天一開始是這麼美麗，卻結束得如此悲慘。

我已經在床上躺下了，但我睡不著，只是繼續想：「也許事情必須如此。家裡情況不是很好，但世上更糟。所以他們覺得很好笑嗎？因爲我小，所以我不能去報警，只有他們可以在電車上推人、擠人、擰著別人的下巴、威脅要揍人。孩子到底是不是人啊？我甚至已經不知道，我是否要爲我再次是個孩子而高興，是否要爲雪再次是白色的而高興，還是要爲了我如此弱小而傷心。」

但是還好，夢想幫了我一把。每當我覺得人生實難，總是會有一些撫慰人心的想法來到我腦海中。它總是這樣開始的：「如果怎樣怎樣，就會更好……」

然後我往下想，彷彿情況眞的像我想的一樣。

「所以，我依然是個孩子，但是我會像大人一樣強壯。不止如此，我會像大力士彼特拉辛斯基[4]一樣壯。如果那個電車上的人說要賞我耳光，我就說：『來啊。』然後我會用力捏他的手，直到他痛得跳腳，大叫：『放開我！』然後我會說：『您不是要打我耳光嗎？如果我是個小鬼，您就打嘛。』我會更用力地掐著他。要是他舉起另一隻手要打我，我就會抓住他的另一隻手。」

「放手！現在立刻放手！」

「您要是道歉，我就會放手。」

讓想像力隨意奔馳是件很愉快的事。但我的另一隻手畢竟拿著媽媽的衣服啊，我沒辦法空出手去抓他的手。

男孩子們想要變得強壯，大人還因此覺得驚訝。

4 瓦迪斯瓦夫・彼特拉辛斯基（Władysław Pytlasiński，一八六三—一九三二），波蘭知名摔角手，被人稱為「波蘭摔角之父」。

獅子比熊強壯嗎？最強壯的人能以一擋百嗎？校長比較強壯，還是體育老師？誰是全班或全校最強壯的人？誰是整個波蘭最強的？誰會擊敗誰？誰跑得比較快、誰丟得比較遠、誰跳得比較高？

這不是孩子愚蠢的好奇心，也不是遊戲，而是測試，這樣我們就會知道，我們在誰面前有能力保護自己。

大人們不知道，年幼的孩子會從大孩子和比他強壯的孩子那裡吃多少苦頭。大孩子會搶走小孩子手上的東西，而且搶了就跑，或是打他們，然後還會嘲笑他們。大孩子知道，小孩子拿他們沒辦法，於是他們會在排隊時把小孩子推開，即使小孩子是先來的。他們會把小孩子的衣服從衣架上丟下來、給他們取綽號、污辱他們、把他們的帽子拍落、打擾他們的遊戲、不准他們看大孩子在做什麼。而小孩子什麼也不能做，頂多像個瘋子一樣撲向他們，然後他們就會更兇狠地打你一頓。大孩子比較狡猾，總是能找到方法爲自己開脫。你甚至未必能告訴別人他做了什麼，不能去告狀，因爲沒人會幫你，而他一定會復仇。他們想做什麼，就會對小孩子下手。

如果你動作快，你還來得及對他大吼，或是反擊回去，然後逃得遠遠的。

我們之中沒有公平和正義。我們活得就像原始人……一群人攻擊另一群人，然後後者會逃跑、躲藏。我們的武器是拳頭、棍子和石頭。我們是沒有文明的烏合之眾。這些東西雖然好像存在，但只對大人有意義，對孩子沒意義。

你們認爲，我們的語言是貧乏粗鄙的，因爲它不合乎文法。這就是爲什麼你們會認爲，我們很少思考，感覺也很粗糙。你們認爲我們的信仰是天眞的，因爲我們缺乏書本的知識，而世界如此廣大。在我們的世界，傳統取代了白紙黑字的法律，你們不明白我們的儀式，也不曾深入了解我們的事。

我們活得就像侏儒，仰賴巨人祭司的仁慈而活，他們具備孔武有力的肌肉和神祕的知識。

我們是殘缺的階級，你們想花最少的努力，付出最少的代價，就讓我們活著。而我們是非常非常複雜的生物，而且很封閉、不信任人、保密到家。智者的放大鏡和眼睛不會幫助你們。如果你們對我們沒有信仰，沒有感同身受我們的感受，你們就不會了解我們。

最應該來研究我們的應該是民族學家、社會學家和自然學家，而不是教育家和煽動者。

在你們之中，藝術家是我們唯一的兄弟。在靈感來臨的特殊時刻，他會對我們很友善。然而，這樣的時刻很少，也不一定會出現。在這種時刻，你們會想起孩子。但即使是藝術家，也只會對我們說童話。

所以，你們是看心情在養育我們，很少是好心情，通常是壞心情。

我滿心憂鬱地醒來。

斑斑

我滿心憂鬱地醒來。

憂鬱不是件壞事。憂鬱是一種溫和、令人愉快的感覺。那時，很多好的想法會浮現腦海。你會同情所有人：同情媽媽的連衣裙被蛾咬壞了，同情爸爸要這麼辛苦工作，同情奶奶很老了，不久就會死。同情小狗，牠一定很冷，同情小花的葉片低垂，它一定病了。那時，你會想要幫助所有人，也想要改善自己的心情。

畢竟，我們也喜歡憂鬱的童話啊，這表示，我們也需要憂鬱的情緒，它就像現身關照你的天使，會把手放在你頭上，然後它的翅膀彷彿會呼吸。

憂鬱時，你只想獨自一人，或只和一個朋友談話。

你怕有人會破壞你的憂鬱。或者說，不是破壞，而是把它嚇跑。

我站在窗前。過了一晚，玻璃上出現了美麗的花朵。不，不是花，而是葉片，像是棕櫚葉。[1]眞奇怪的葉子，眞奇怪的世界。爲何如此？它是怎麼來的？

「你怎麼還不穿衣服？」父親問。

我沒說什麼，只是走向父親，對他說：「早安。」

然後我吻了他的手，他於是看了我一眼。

現在，我很快地換上衣服，吃完早餐就準備出門上學。

「你今天幹嘛這麼急著去上學？」媽媽問。

「我去一下教堂。」我回答。

我想起，我不常禱告，這讓我感覺不太好。

我走到門前東張西望，看看孟德克在不在，但是我沒看到他。

地上的水結冰了，男孩子們都在上面溜冰。要滑得平穩，你得先滑一小段，然後越滑越遠——這樣子，每個人都能學會溜冰了。

我站著考慮了一下，但還是決定不要溜冰，便繼續往前走。

我沒遇到孟德克，反而遇到了維斯涅夫斯基。他說：「欸，三聯畫，你好嗎？」

我一開始不明白他要什麼。但我馬上想起來，他給我取了個新綽號，來自我在繪畫課上畫的那幅畫。

我說：「走開。」

他立正站好，敬了個禮，說：「遵命！」

我發現他想找碴，於是我走到對街。他還推了我一把，我很快就在街口轉向另一條路。

「我有時間。」我想：「我可以繞點路。」

我不想上學。那裡會有一堆人在吼叫、互相推擠，每個人都想說話。有時候我會故意慢慢走，或繞遠路，這樣到學校時就可以立刻上課了。在上課前一秒時到校是很令人愉快的事，因爲老師馬上就會進教室，不會出什麼亂子。如果我有手錶，就可以精準地算好進教室的時間，但像現在這樣，我有可能會遲到。

不過沒關係。我又轉向另一條街，彷彿那裡有人在呼喚我，彷彿有什麼東西推著

1 此處指的現象應該是，玻璃表面因天氣寒冷結了冰，呈現出不同形狀的花紋。

我。有時候，人也不明白自己的行爲，結果可能是好或壞。如果是壞，人們會說，他被引誘了。直到事過境遷，這人才會驚訝地自問：爲何我當時這麼做？

所以我也不知道爲什麼，但是我越繞越遠，走上了完全不同的一條路。我走著，然後突然在雪地上遇到了一隻小狗。

牠好小，看起來好害怕。牠用三隻腳站著，第四隻腳伸在空中。牠在顫抖，因爲寒冷而渾身抖個不停。街上空無一人，行人都在別處。

我站在那裡看著牠，我想，牠一定是被人趕出來的，而牠不知道自己要上哪兒去。牠全身是白色的，只有一隻耳朵和尾巴尖端是黑的。牠伸出一隻前腳，可憐巴巴地看著我，希望我照顧牠。牠甚至抬起了尾巴，但只是憂鬱地左右晃了一下，彷彿牠體內燃起了一線希望。牠對我搖尾巴，但你可以看出，牠心很痛。至少，我是這樣認爲。然後，牠繼續站著等待。牠的黑耳朵是豎起來的，而白的那隻則低垂，看起來彷彿在求我帶走牠，但還是會怕。牠在舔舌頭——牠一定是餓了——並且乞求地看著我。

我試著走了幾步，牠跟著我走，用三隻腳跛行，當我回頭看牠，牠就停下來。我想到，我可以跺著腳叫：「回家！」這樣就可以看看，牠會走到哪裡去。但我於心不忍，沒有大叫，只說：「回家吧，你會凍僵的。」

然後牠直直地走向我。

我該怎麼辦？我沒辦法把牠留在這裡啊，牠會凍死的。

牠向我走來——在離我不遠之處，牠卑微地在地上坐下，渾身發抖。現在我可以確定，百分之百確定，我的斑斑是一隻無主的流浪狗。也許牠已經流浪了一整晚？也許現在是牠生命的最後一個小時？而我剛好走了一條和平常不同的路上學，剛好可以在最後一刻對牠伸出援手。

我把牠抱起來，牠舔了舔我。牠全身冰冷，只有舌頭還有點溫暖。我很快解開大衣，把牠塞到大衣底下，只讓牠的頭露出來可以呼吸。牠的腳在大衣底下抓了抓，然後抓住了某個東西，這樣牠才不會掉出來。我想要抱著牠，但是我怕弄傷牠的腳，於是我用手抱住牠的身子，感覺到牠的心跳得很厲害，彷彿在打鼓。

如果我知道媽媽會讓我養牠，那我還有時間帶牠回家。牠在我們家也不會妨礙到任何人啊，我可以用我的食物餵牠。但是我現在不敢回家，而學校也不會讓我帶牠進去。嗯，牠現在已經舒舒服服地在大衣裡躺下，瞇起雙眼，也不亂動了。我把牠抱在大衣底下，我的袖子因此往上捲了起來。而牠甚至不想呼吸空氣，只是把頭塞到袖子裡，靜靜地吸氣。牠的身子已經變暖了，一定很快就會睡著。如果牠整晚都在外面受凍，現在牠一定會睡的。那時我該怎麼辦？

我四下張望，看到一家商店。我想：「會怎樣就怎樣吧，也許牠是從那家店跑出來的？我去問問。」

我知道牠不是從那裡跑出來的，但我還是決定試試看。不然我還有什麼辦法？

所以我進去問：「老闆娘，這是不是您的狗？」

她看了我一眼，說：「不是。」

但我沒離開。如果我有錢，我就會買牛奶給牠。

老闆娘說：「給我看看。」

我高興地、很快地把牠拿出來，牠已經睡了。我說：「您看看。」

老闆娘彷彿在思索什麼，然後再說了一次：「不是，不是我的。」

我說：「也許您知道牠是誰的？牠家應該離這不遠。」

她說：「我不知道。」

於是我說：「牠凍僵了，拜託您。」

我把牠抱在手上，牠連一動也不動，睡得可熟了。如果不是因爲我感覺得到牠的心跳，我一定會認爲牠已經死了。

而我不好意思告訴老闆娘，請她暫時看管著牠就好，我之後就會回來帶牠。我又想到，如果她不收留，也許學校的工友可以在上課時暫時收留牠。二樓的工友很壞心，但是三樓的工友人很好。他會和我們聊天、開玩笑，還會幫我們削鉛筆。

老闆娘說：「你住在這條街上嗎？」

她的意思是：她不認識我，我也沒買東西，所以我站在這裡幹嘛？

「好了，走啦，走啦。」她說：「你媽媽讓你去上學，你卻在這裡玩狗。出去時把門給我好好關上。」

她以爲我只擔心狗，一定會忘了關門，讓冷空氣進來。因爲每個人只在乎自己暖和就好，卻忘了狗也是神創造的生物。

我開始往外走，已經不知如何是好。但我還是試了最後一次：「您瞧瞧，牠有多白，而且很健康。」

我用手擋住牠的跛腳。或許牠的腳根本不跛，只是凍壞了？

她說：「不要再用那隻狗來煩我。」

所以，我是在煩她。彷彿狗在雪地受凍是我的錯。

好吧，那也沒辦法。如果工友不同意，那就讓他自己把牠扔出去。

等我到學校，孩子們一定會用全校都聽得到的聲音大叫：「喔喔喔！狗！你帶了一隻狗來！」

老師也會聽到的。所以這應該要祕密進行。我沒必要地浪費了那麼多時間，所以匆匆把牠塞到制服外套底下，而不是大衣底下（現在我甚至已經沒辦法管牠會不會覺得悶了），急急忙忙去上學。工友一定會答應我的，我會跟人借錢，這樣我就有牛奶來餵我的斑斑了。

斑斑，是我給小狗取的名字。

我跑得好快，斑斑也被我的體溫弄得全身發熱了。牠醒了過來，開始抓我，伸懶腰，然後把鼻子露出來，叫了一聲。不，牠不是叫，而是呼嚕了一聲，表示牠很愉快，而且謝謝我。一開始我的胸口可以感覺到牠身上散發出的寒氣，而現在是牠給我取暖了。我彷彿就像抱著個孩子。我低下頭吻了牠，牠愉快地瞇上眼。

到了學校，我立刻去找工友。

「工友伯伯，請您把牠藏起來！牠都凍僵了。」

「誰凍僵了？」

「牠。」

他看到我手中抱著一隻狗，臉色一暗。

「你從哪裡弄來這隻狗的？」

「在街上。」

「你幹嘛拿別人的狗？」

「牠無家可歸。牠瘸了一條腿。」

「我是要把牠藏在哪裡？你幹嘛動牠？也許牠有主人？」

「牠沒有主人。」我說：「我問過所有人了。如果有，就不會在冰天雪地時讓牠流落街頭。」

他說：「也許牠有皮膚病。」

「您在說什麼啊！牠全身都是白的。」

我假裝生氣，但其實我很高興。如果他把牠拿出來看，就一定會留下牠的。

但是有人經過看到了，於是我很快把牠藏回外套底下。而工友則對那人說：「走開，你看，你的鞋子上都是雪。」

那人於是走開了。但工友還不想收留斑斑。他說：「你們有這麼多人，如果每個人都從街上撿一隻狗來怎麼辦？」

「拜託啦，只要幾個小時就好，我放學馬上就會帶牠回家。」

「你父母會讓你養才怪。」

我說：「我會回到那條街上，也許這次我會找到牠的主人。」

他搔了搔頭，我把那當成是「好」的意思。不過，他還是抱怨了兩句：「你們給我惹的麻煩已經夠多了，現在還多了隻狗。」

然後他收下了斑斑，他是個善良的人。二樓的工友是不會收下牠的，不只不會，還會罵我一頓。

他收下了斑斑。孩子們已經開始聚集，斑斑彷彿也明白了，因爲牠一動也不動，只是看著我。鐘響了，斑斑的事及時處理好了，我也沒遲到，很快就上課了。

我坐在位子上，但我憂心忡忡。雖然斑斑現在很暖和，但牠一定餓了。

我坐在位子上，但我想著，我要從哪裡弄來錢，好買牛奶給斑斑。

我坐在位子上，但我想著，我整晚都睡在溫暖的床上，不知道斑斑整晚在路上受凍。就算我知道，我也無計可施。不然我該怎樣？我沒辦法穿上衣服，半夜去街上拯救小狗啊。

我坐在位子上，但我很憂愁，我的憂愁是這麼地多，甚至可以分給全班使用。我大概再也無法和孩子們追逐嬉戲了。我們昨天玩騎馬和打獵的遊戲，這些遊戲是如此幼稚，對任何人都沒有什麼好處。眞希望父母可以讓我把小狗帶回家，這樣我至少可以照顧牠。我會給牠洗澡，牠一定會像白雪一樣白。如果牠想，我可以教牠各種把戲。但是我會很有耐心，不會打牠。我甚至不會對牠大吼。因爲言語經常就像棍棒一樣，會讓人疼痛。

如果是你喜歡的某位老師，即使是最小的提醒都會讓你難過。比如說：「不要亂動。」

或是：「不要講話。」

不然就是：「你沒專心聽。」

然後你就難過死了。你馬上開始觀察，老師只是隨口說說，等一下就會忘，還是已經在生氣。

而斑斑會喜歡我，所以如果牠把戲學不好，我只會對牠說，牠做得不好，但是馬上我就會摸摸牠的頭，牠會搖搖尾巴，然後更加努力。

我不會故意惹火牠，甚至開玩笑也不行，這樣才不會讓牠煩躁易怒。因爲很奇怪嘛，爲什麼人們要故意去惹狗叫，然後還覺得好玩呢？但我昨天也因爲好玩而去嚇了貓。我想起這件事，覺得很羞愧。我爲什麼這麼對那隻貓？牠應該也害怕得一顆心跳到了喉嚨。貓眞的很虛僞嗎？還是只是人這麼說牠們？

這時，老師說：「往下讀。」

她是對我說。

而我不知道要讀什麼，我甚至連書都沒打開。

我像個笨蛋般站著，瞪大雙眼。我爲斑斑感到難過，也爲我自己。

而維斯涅夫斯基說：「三聯畫在做白日夢。」

我難過得眼眶都溼了，但我不想讓人看到，於是低下了頭。

老師沒生氣，只是說：「你連書都沒翻開，也許我該讓你到門外去。」

她用的是：「到門外去。」而不是：「滾出門外。」

但她沒叫我出去，只是說：「在位子上罰站。」

甚至不是到牆角。

老師一定猜到，我身上發生了什麼大事。如果我是她，而班上有個小孩連書都沒打開，只是坐在那裡發呆，我會問他在煩惱什麼？他怎麼了？

如果老師問我，我爲什麼不專心，我會告訴她嗎？不會啊，因爲老師幹嘛在意這個。上課就是上課。而且，我不能在她面前背叛工友。

老師說：「在位子上罰站。」後來她又問：「或者，你寧可在外面？」

我臉紅到了耳根，什麼也沒說。其他孩子馬上開始吼叫，一群人說：「他想去外面罰站。」另一群人說：「老師，他不想。」

隨便發生什麼事，這些人馬上就把它變成遊戲，他們很高興可以打斷上課。他們根本不會想到，被罰的人很難過，而且害怕老師會更生氣。

然後鐘響了。我馬上跑去找工友。

但是我們這樓的工友把我擋了下來，是那個壞心的工友。

「你要去哪？」他問：「你難道不知道學生禁止到三樓嗎？」

我很怕，但我想著：「我要去借十分錢買牛奶。」

也許我可以跟龐奇克維奇借錢？他口袋裡總是有錢。但他不會借我的，我跟他不熟。有一次有人想向他借錢，他說：「我才不借你呢，小鬼。」

我想著：「也許和這個借？也許和那個？」我四下張望。然後我想起，法蘭科斯基欠我五分錢。我去找他，但他在玩，然後就跑開了。

「還我五分錢。」

「走開啦。」他說：「不要煩我。」

「但我需要錢。」

「晚點，我現在沒辦法。」

「但我需要錢！」

「我跟你說晚點！我現在沒有。」

他開始生氣了，而且他確實沒錢，我也不能對他怎樣。孟德克也沒錢。沒辦法，我只好去找龐奇克維奇。他父親是開商店的，他很有錢。

他問我：「你要錢幹嘛？」

我說：「我得用錢。」

他問：「你什麼時候還？」

我說：「有錢就還。」

不然我該說什麼？其他人會說：「明天。」

然後明天他們也不會還。要是債主來問，他們還會生氣地說：「走開啦。」

即使是最窮苦的大人，也拿得出二十分錢。而我們則要爲了五分錢辛苦奔走。我們爲此很痛苦，我們不只連最少的一點點錢都沒有，而且何時有錢也不一定。要是能預先知道，什麼時候會有錢，那該有多好。

「所以，你會借我嗎？」

「我沒錢。」

「你有。」我說：「只是你不想借。」

如果我告訴他我爲什麼借錢，他就會借我，也許我該告訴他？

他說：「我已經借夠多次了，根本沒人還我。去找法蘭克吧，他欠我二十五分錢，欠了一個月都沒還。」

法蘭克不會還任何人錢的。我愁眉苦臉，但是一點辦法也沒有。

我去找了他，但是找不到。我要從何找起？這裡人這麼多啊。

龐奇克維奇其實人不錯，他不喜歡拒絕別人。他只是好奇，想要知道一切。他甚至自己跑來找我，問：「他給了你嗎？」

「我不知道他在哪。」

他想了一下，說：「那你到底爲什麼要借錢？」

「你會借我嗎？」

「我會借。」

「你現在有錢嗎？」

「我有，但是我想買三夾板，我想做畫框。」

於是我很快地告訴他經過，我們一起到三樓去看小狗。這時上課鐘響了，必須回教室。

我很不安。斑斑餓了，或許牠已經開始哀哀叫，那時工友會把牠丟出去。

我叫牠斑斑。但我現在覺得，這樣不好，聽起來像外號。狗其實不懂這些，但我爲牠難過。也許我可以叫牠白雪？因爲我是在雪地上找到牠的。或是小白、白白？或是和冬天有關的名字？

我想啊想的，彷彿家裡已經同意我養牠了。

但是商店的老闆娘和工友說，牠有主人，所以也許我該去問那扇門附近的男孩們。但是那附近甚至沒有門。有人可能會說牠是他的狗，但這也許是謊言。他會和斑斑玩，然後再次把牠丟到冰冷的街上。就算眞的是他的狗好了，他也沒有好好照顧牠啊，不然，爲什麼牠會被趕到街上去？也許牠是自己逃跑的？畢竟我和牠不熟，我不知道牠是條什麼樣的狗。小狗很皮的。也許牠做了壞事，不想被處罰，所以自己跑了出去？

我想得好累，因爲我不知道該怎麼辦。因爲這樣，因爲那樣，又因爲這樣——彷佛我有了個小孩。我心煩意亂地坐著。白雪一定以爲我忘了牠。小狗就像小孩一樣。小孩會哭，而小狗會哀哀叫。牠會因爲憤怒或快樂汪汪叫。小狗也會像小孩那樣玩耍，也會看著人們的眼睛，會表達感謝，會舔人——也會咆哮，彷彿在警告你：「不要這樣。」

但是我突然想起，上課要專心，不然我又會被叫起來罰站了。

當我還是個大人時，我以爲當個好學生很容易，只要上課專心、回家用功念書就好，現在我才知道這很難。即使身爲老師，當我有煩憂時，上課也不專心，但沒有人會因此叫我去角落罰站。正好相反：那時候我會對學生更嚴厲，教室裡要安靜無比，這樣我才可以好好擔心我的事。

喔，小白，小白！你又小又弱，所以人們輕視你、不在乎你。你不是紐芬蘭犬，不會去拯救溺水者，也不是聖伯納犬，不會去山上拯救凍僵的人，你更不是愛斯基摩人的雪橇犬，你甚至不是我叔叔養的那隻聰明的貴賓狗。

我會帶著我的狗去找叔叔的狗，也許牠們會成爲朋友，因爲狗也喜歡交朋友。

我想著：「我會去找叔叔。」或者該說，我這麼夢想，因爲家裡一定不會允許我養狗的。

大人告訴孩子：「不可以，不行。」然後說完就忘了。他們根本不知道，孩子聽到這些話有多心痛。

當我渴望當個孩子時，我只想到遊戲和童年的愉快，我以爲孩子什麼都不會想，也什麼都無所謂，而現在我卻如此擔心我那隻只用三條腿站立的小狗，比一個大人擔心他全家的生計還擔心。終於，下課鐘響了。

我們把十分錢給工友，他說：「我要你們的十分錢幹嘛！你們看看，這狗拉了多少大便！」

然後他帶我們去看斑斑，牠被關在一個黑暗的小房間，在裡面嗚嗚叫。

「不要緊的。」我說：「我可以用這條抹布擦嗎？」

我於是開始擦斑斑的大便，一點也不覺得噁心。

小白認出了我，因爲牠看起來很高興。牠差點就跑到走廊上去了，牠跳上跳下，轉圈跳舞，完全忘了牠的處境有多可憐、多危險。如果牠還待在雪地上，現在早就變成死狗一條了。

「好啦，滾吧。」工友說，但是他立刻注意到語氣不對，於是改口說：「好啦，走吧，我沒空。」

人們很少對大人說：「滾吧。」但常常對孩子這麼說。人們說：大人精神抖擻，小孩精力過剩。大人開玩笑，小孩耍寶。大人哭泣，小孩哇哇大哭。大人很好動，小孩坐不住。大人很憂鬱，小孩鬧情緒。大人心神恍惚，小孩心不在焉。大人在沉思，小孩在發呆。大人做事比較慢，小孩拖拖拉拉。這些用語看似是開玩笑，但其實很粗暴。即使當大人沒生氣，想要當個好大人，他們叫小孩的方式也很粗俗：小蟲蟲、小可憐、小不點、小鬼頭。沒辦法，我們對此已習慣，但有時候這樣的輕蔑還是會讓我們難過、生氣。

可憐的小白（也許叫牠白雪比較好？），牠又得在黑暗中被關兩個小時。

「也許我可以把牠藏在我衣服底下，也許牠會乖乖的？」我說。

「笨蛋。」工友說，然後把門鎖了起來。

我遇上了孟德克，他問：「你是不是有什麼祕密呀？」

他很吃醋，他竟然被蒙在鼓裡。於是我告訴了他。

「什——麼？你第一個告訴的人竟然是他？」

「我必須告訴他，不然他不會借我錢買牛奶。」

「知——道啦，知——道啦。」

我爲孟德克難過，因爲我也很難過，如果我先告訴的是別人就好了。比較長的下課時間來臨時，我問他：「你要去看小狗嗎？」

但是三樓有幾個男孩之前在那裡抽菸，現在他們正在調查，誰在抽菸，誰有到三樓去（對了，他們不是用「到三樓去」，而是「闖到三樓」）。

我們的工友說：「我一直把他們趕開，但他們一直跑來。」

然後他看著我們。我躲在湯馬克身後，因爲人們馬上就會看到我臉紅了。大人在問小孩話時，要是看到他們呻吟或臉紅，就會立刻認爲孩子在說謊或是有罪。而我們是因爲被懷疑而臉紅的，因爲害怕所以心臟跳得特別快。有些大人還喜歡叫小孩看著他們的眼睛。但有些孩子卻是可以眼睛眨都不眨，面不改色地說謊呢。那些孩子會過得很好，因爲過得最糟的，是那些敏感的孩子。他們明明是無辜的，卻要受苦。因爲大人會對所有的孩子吼叫，他們馬上就會用「你們」這個字眼。

「你們總是、你們從來不、你們無惡不作。」

他們會大吼著威脅所有人：「我已經認清了你們！你們的藉口！我現在就要給你們好看！」

敏感的孩子會害怕，一直活在恐懼中，就像野兔。野兔即使在睡夢中，也是恐懼的。我們也會做令人不安的夢，然後心懷恐懼地醒來。

晚上有東西發出咿呀聲，孩子會以為那是幽靈或殺人犯。有東西從窗外一晃而過，看起來白白的。你把頭蒙在被子裡，滿身大汗，不敢呼吸，只想著：「如果有一隻冰冷的手抓住我，我該怎麼辦？」

你那時會想起所有聽過的恐怖故事，還有各種報紙上的可怕新聞。

可怕的事不只存在於童話中。畢竟，街上有沒有腳的人、沒有鼻子的人。人可能會瞎掉、瘋掉。某個人可能原本好端端走在街上，卻突然昏倒，口吐白沫，而他原本就像大家一樣走著，不幸就這樣忽然降臨。人們站在那裡圍觀，七嘴八舌地出主意，大家不停推擠，把你推到旁邊去。你一點都不想看，但是你必須看著那人變得像石頭般僵硬。

還有天花、結核病、砂眼、壞疽、菌血症？孩子不會留意到這些，因爲大人常常故意說很多事給孩子聽，目的是讓他們不要搗蛋。「你看到沒？車子差點撞上你了。不要這樣玩，你會從窗戶掉出去、跌斷腿、弄瞎眼睛。」這些話你都聽到爛了，然後便不再相信。再說，你也不能一直小心翼翼地活著啊。

但是，在某個夜晚，你會想起所有這些可怕的事。大家都睡了，四處一片黑暗，或只有月光照耀。你於是又開始害怕你會在睡夢中走到牆上、走到屋頂上。

好奇怪。有時候你如此勇敢，可以和人狠狠打一架，晚上去墓地也不怕。但有時候，你又會被一件愚蠢的小事嚇得屁滾尿流。實在很難說，你到底是個勇士還是膽小鬼。

而且，也很難說，孩子到底是個什麼樣的人。如果我自問：「我是一個好孩子，就像大家期待的男孩子該有的樣子嗎？」我也答不出來。因爲我會想起各種我瞞著大人的祕密，但是我又會立刻想：「其他人比我更糟啊。」

就算我想起有人比我乖好了，我也不知道他的所有事：他做了什麼、在想什麼。有時候有些人只是裝乖，或是他們也沒那麼乖，只是因爲怕事跡敗露而不敢做壞事。

有些祕密甚至不是「你做了什麼壞事」。也許孩子的祕密大都屬於這一類。但是孩子必須在大人面前裝蒜，因爲這些事不被允許，就像我現在一樣。因爲我可憐一隻飢餓、快凍死的小狗，這算是什麼壞事呢？雖然牠是一隻狗，但牠也是活的呀。

爲什麼大人要禁止這麼多事？

對啊，爲什麼？

如果我們告訴老師：「請讓我們把白雪帶到班上，您會看到，我們會安安靜靜坐著，而且會專心上課。」

然後馬上就搞砸了。維斯涅夫斯基一定會第一個故意開始搗蛋。

眞不幸，我們所有人都在一起——我們之中有敏感纖細的人，有平凡普通的人，有些人懂得自重，有些人寧可同流合污。因爲那些壞胚子，沒有一個承諾能夠實現。因爲他們，所有的一切最後總是以惡果收場。

因爲他們，大人們不信任我們。就因爲一小撮人的壞行爲，大人輕視所有的孩子。沒有這些搗蛋鬼，生活中的歡笑會比較少，但是會比較平靜。

但是大人們認爲，我們只喜歡頑皮鬼，我們只聽命於最壞的孩子，不管這些孩子說什麼，我們立刻會去做。他們覺得，這些孩子會把一切毀掉！

這並非事實。大人們不知道，十次中有十次，我們不會聽這些搗蛋鬼的話。但如果我們有一次聽了他們的話，和他們一起搗蛋，大人們馬上就會責怪所有人。

如果我們眞的每次都聽他們的話，這世界會亂成什麼樣啊。如果我們沒有安撫他們，這世界會亂成什麼樣啊。

我們對他們說了多少次：「別吵啦，別管它，停止，別這樣。欸，你等一下會後悔喔！」然後這些搗蛋鬼就聽了我們的話。如果大人還沒被這些人搞瘋，這都該感謝我們。

所以，最後的結果是：有人在三樓抽菸，而我們因此看不到我們的小狗。

直到放學，工友才說：「把牠帶走吧，不要再帶第二隻狗來給我了，因爲我沒空，下次再帶來，我就讓你們和狗一起去見校長。」

我們就這麼走出校門：我、孟德克、龐奇克維奇和斑斑（就叫牠斑斑吧）。

當我們放斑斑自由，牠有多高興啊！所有活著的生物都嚮往自由，不管是人、鴿子還是狗。

我們三人一起討論，接下來該怎麼辦。龐奇克維奇答應把狗帶回家留到明天，而我會趁這段時間問問我的父母。

但我生著龐奇克維奇的氣，彷彿他搶走了我的狗。

說到底，斑斑是我的狗啊。是我把牠藏在大衣裡，給牠取暖的。牠第一個舔的人是我，是我找到牠，然後把牠帶來學校，而且我一直想著牠。而龐奇克維奇只出了十分錢，如此而已。

我的老天，這公平嗎？爲什麼一個人的父母允許他養狗，另一個人的父母卻不准？孩子最愛的就是自己的父母和自己的家，但是當孩子知道別人的父親會讓他養狗，孩子就會難過。他會把自己和別人比較，然後感到心痛。

爲什麼龐奇克維奇可以就這樣把斑斑帶回家，而我卻得向父母懇求？而最後，我一定什麼也得不到。

一個人有錢，另一個人沒錢。有錢人想要什麼就可以有什麼，愛買什麼就可以買什麼，這眞愚蠢，自由比財富更重要啊。

嗯，如果你知道父母眞的沒錢，那你即使難過，卻會更愛他們。因爲有誰會因爲父親沒工作或是賺得少而生氣？但如果大人花錢去買不必要的東西，卻對孩子如此小氣，只想得到自己，不會爲孩子著想——那就一點辦法也沒有了。爲什麼孟德克的父親有錢買酒，沒錢養家，然後還在家裡大吵大鬧？

我爲孟德克難過，也爲白色的斑斑難過。我爲了牠擔了那麼多的心，而現在牠就要跟別人回家了。

龐奇克維奇說：「你不用還我那十分錢。」

我說：「沒這種事，也許我明天就會還你。」

龐奇克維奇說：「如果你生我的氣，就不要把那隻狗給我。」

我說：「來，小狗狗，我們說再見。」

斑斑掙脫了我，他甚至不知道我們就要分手了。過了一會兒，牠才把兩隻前腳放在我胸口，高興地搖尾巴（尖端是黑的）。然後，牠直、直、看、進、我、的、眼、睛。

我難過到眼眶都濕了。

然後，牠舔了我的嘴巴。彷彿在道歉。

我緊緊地抱了牠最後一次！

我一直抱著牠，直到孟德克輕輕地拉了拉我的口袋，「好啦，我們走吧。」

我們快步離去，我甚至沒有回頭。

孟德克一路上說著關於鴿子、兔子、喜鵲和刺蝟的事，而我只回了幾個字。我還沒注意到，我們就到家了。因爲事情是這樣的：鐘面上的時間總是一成不變，但是在人體內有另一個完全不同的時鐘，以不同的方式運作。有時候時間過得飛快，出乎你意料，有時候則走得像蝸牛一樣慢，你以爲它永遠不會結束。有時候你才剛進校門，沒多久放學的鐘聲就響了。但如果這一天過得很不順利，你就得一直苦苦等待，不知道這一天何時才會結束，當你走出校門時就像走出監獄，根本沒力氣高興。

於是我向孟德克道別。但是彷彿被什麼東西引誘，我問他：「你家老頭昨天又喝得醉醺醺了嗎？」

孟德克脹紅了臉，說：「你以爲我父親每天都會喝酒嗎？」

他走得那麼快，我根本來不及追上他。我幹嘛說那句話？有時候人講話會不經過大腦，想到時後悔也來不及了。

有一次我父親告訴我一句諺語：「沉默是金。」

這句話很有智慧。但父親對我說這句話時，我聽了反倒很生氣，不喜歡這句話。因爲那時候我說了一句話，那是事實，但大人卻對我大吼，彷彿我撒了漫天大謊。沒有人問我的意見，所以我可以不說。但是如果不說出眞相，那就是不誠實啊。

人生中有許多虛僞。當我是大人的時候，我已經習慣此事了，也無所謂。是眞的又怎樣？嗯，眞的就眞的啊，人總得活下去。現在我的感覺不同了——現在不能對別人說出自己眞正的想法，再次讓我心痛，我必須一直假裝。

謊言本身是中性的，不好也不壞。但是虛僞的人大概是最糟的。他想的和說的不同，人前人後也完全兩樣。比起虛僞的人，我寧願和愛跟人作對、愛說謊的人交往，因爲虛僞的人是最難摸透的。

你對撒謊、愛和人作對的人說：「不要說謊。」、「不要跟人作對。」事情就解決了，簡單明瞭，而且道德高尙。

而虛僞的人很甜美、很親切，你根本沒辦法逮到他的小辮子。

但是那又怎樣？我讓孟德克難過了。他現在一定很生我的氣。我叫他父親「老頭」，還說他「喝得醉醺醺」。我就像一個大人般粗暴、無情地說出這番話，讓孩子覺得羞恥、受傷。

我走進大樓的門，樓梯上坐著和昨天同樣那隻貓。我爲牠感到難過，想摸摸牠，牠卻一溜煙地跑走了。所以牠記得我捉弄牠。也許神會爲了懲罰我，不讓父母允許我帶斑斑回家？

「你今天在學校過得怎樣？」媽媽問。

她的語氣很溫和，或許她也感覺到，昨天她那樣對我大吼並不公平？

我說：「沒事。」

媽媽問：「你沒在角落罰站嗎？」

我這時才想起，實際情況是怎樣。

我說：「我在座位上罰站。」

媽媽說：「你剛剛還說沒事。」

我說：「我忘了。」

我拿起刀子，幫媽媽削馬鈴薯的皮。

媽媽說：「你爲什麼罰站？」

我說：「我上課不專心。」

「你爲什麼上課不專心？」

「我在想事情。」

「想什麼？」

我快速地削著馬鈴薯的皮，假裝忙碌，什麼都沒說。

「你忘了，這樣很糟。好孩子會因爲在角落罰站而羞愧，然後努力不再犯。老師叫你罰站是爲了要教你，爲了提醒你：這樣你就可以記取教訓。如果你不記得，這些教訓就和懲罰一起過了就算了，你必須記得自己受了什麼處罰。」

我看著媽媽，想：「可憐的好媽媽，她什麼都不知道，什麼都不懂。」

然後我想：「媽媽眞可憐，眞老。」

當媽媽彎腰坐著的時候，我看到她有白髮和皺紋。也許她還不是很老，但是她活得很辛苦。

我想：「我再次有了媽媽，眞好。雖然和父母生活有一堆問題，但是沒有父母問題更多——那時生活很苦，充滿憂愁，一切都很糟。」

「也許你在學校還闖了什麼禍？」

我說：「沒有，沒有。」

「你沒說謊吧？」

「我爲什麼要說謊？如果我不想說，妳也不會知道我被罰站。」

媽媽說：「嗯，也對。」

我們陷入沉默，但彷彿還在對話。因爲我在腦中想著要向媽媽懇求，請她讓我養斑斑。而媽媽知道我隱瞞著某些事，雖然我沒說。

我們小孩喜歡和大人說話。他們知道的事更多，但如果他們不是那麼常生我們的氣，那就好了。如果他們能溫和地對待我們就好了，而不是一直在生氣、罵人、說難聽的話、大吼大叫。

如果媽媽下次再對我說：「也許你在說謊？」那時我就會生氣，說不定我還是會做出相同的回答，但我的語氣就會帶著憤怒了。

大人們不願意理解：如果你溫和地問話，孩子就會溫和地回答，如果你生氣地質問，你的憤怒就會引發他們的憤怒，彷彿是要復仇，因爲這時孩子會想：「啊反正我就是這樣了啊，我就是不會改。」

但，即使是最可惡的孩子，也會想要變好。

也許壞孩子和壞大人最大的不同是：你們已經試了又試，但還是沒辦法改善，所以你們放棄了，而我們依然努力掙扎，和自我戰鬥，想要克服自身的障礙，決心向善。當我們再次失敗，你們馬上就來責怪我們，這眞的是很嚴重的阻礙！我們已經花了那麼多力氣，本以爲一切已上軌道，卻又被打回原形，要從頭再來！我們是多麼憤怒、痛苦啊！根本一點都不想再試了。而你們不來幫我們、安慰我們就算了，反而還立刻痛打、痛罵我們一頓。這就是爲什麼我們會好幾天、好幾個禮拜都過得很挫敗。因爲當一件事不順利，第二件和第三件事也會跟著不順，然後所有的一切就都搞砸了。

最糟的是，當我們失敗，你們就會懷疑我們是故意的。有時候我們是沒聽到、聽錯了、忘記了、沒聽懂或是弄錯了意思，而你們覺得我們這麼做是出於惡意。有時候我們想做件好事，讓你們驚喜、開心，但我們缺乏經驗，所以事情搞砸了。你們覺得可惜、傷心，我們也是。所以爲什麼要在第一時間跑來對我們大吼大叫呢？

人的感覺越強烈，他過得就越辛苦。

我在房間裡晃來晃去。我把窗臺上的花盆拿起來，擦下面的灰，然後開始擦整個房間的灰。媽媽很驚訝。我和媽媽就用這樣的方式爲昨天的事向彼此道歉。因爲誰知道？或許我也有錯？我不該在午餐時遲到的。即使是聖人，也有可能犯錯啊。

「去外面玩吧。」媽媽說：「你沒事幹嘛在家裡待著呢？」

我說：「我去幼兒園接伊蓮娜。」

媽媽說：「好，去吧。」

我穿上衣服出門，雖然我自己也不知道爲什麼要出去。也許是因爲斑斑。因爲小小孩也是需要人照顧的。

我不是個好哥哥。我同情小狗，但我不是眞正愛著自己的小妹妹。我根本無法同理她，還談什麼愛？

這麼小的孩子一定會干擾別人，一定會因爲無聊而去煩別人。如果我有時會和她玩，那只是出於憐憫。其他時候，我則會對她說一些難聽的話，還會把她推開，完全就像大人對待大孩子的方式——大人怎麼對我們，我們就有樣學樣。

我們不喜歡小小孩，主要有三個理由。

第一：大人總是要我們讓他們，不管他們是對是錯。
第二：大人總是要我們給他們樹立好榜樣。
第三：大人總是要我們陪他們玩，但他們只會搗蛋。
所以，當我們有了弟妹，大人們就經常對我們生氣，而且是以前的雙倍。部分是因爲自己，部分是因爲弟妹。
舉個例子好了：我有某個東西，妹妹一直吵著要。如果我想要給她，我會自己給，因爲我知道什麼可以給，什麼不行。當我們一直吵著要，大人就會給嗎？才不會呢，他們只會對我們大吼。當他們終於給了，那時情況更糟，因爲他們教會我們：只有會吵的孩子才有糖吃。當這個被寵壞的小小孩發現大人會護著他們，他們接下來想要什麼，就會叫得更厲害，這實在很令人火大。
那就讓小小孩哭吧。但是不，他們不是在哭，而是在扯開喉嚨尖叫，竭盡所能叫得讓所有人都聽到，然後來圍觀。
在我們這棟樓就住著這樣一對夫妻，當丈夫不想給妻子什麼東西，她就開始叫，讓左鄰右舍都聽到。

他只是不斷地說：「好啦，不要叫了，妳這樣讓我和妳自己都很丟臉。」

她說：「我就是要丟你的臉！就讓大家都看到，讓整棟樓的人都來看！就讓警察和救護車都來吧！就讓他們寫在報紙上！」

她一定是從小就習慣如此，因爲小小孩就是這樣做的。他們放聲尖叫，然後大人就不想知道眞正的情況到底是怎樣，只希望他們趕快安靜下來。於是他們說：「她還小，你應該讓她。」

我們不只要禮讓大人，還要禮讓小孩咧。

大人打孩子，不一定都是公平的，但如果是哥哥打妹妹，他們總是會立刻同情妹妹、保護妹妹。

我有一次給自己做了個風車，花了我半天時間。

「給我。」然後她開始搶。

「走開，我等一下就給妳！」

然後她說：「給我！給我！」

這時媽媽說什麼？

「你可以再做一個。」
我會再做一個，或是不做。她應該來求我，等我，而不是來搶，然後叫：「媽——
媽——！」
我好不容易才按捺下怒火，結果她甚至希望我打她，這樣她就絕對可以跑去找大人告狀，大人就會來罵我：「你怎麼當哥哥的！你都這麼大了！」
好像錯的人是我。
眞是方便啊，當大人想要拒絕我，就說：「你還小。」當他們想要使喚我，我又突然變大了。
再舉一個例子。
有時候，我甚至不是因爲自己犯的錯被罵，我還要因爲她而被罵。
「都是你教壞她的，你做給她看的，她從你這裡聽來的，她學你的樣。」
我有教她要盲目地模仿我嗎？如果我會帶壞她，那就別讓她跟在我後頭跑啊，不要和我說話，不要和我玩。
但——是！大人明明叫我要陪她玩。我是要怎麼陪她玩？

「把大衣穿上，不然她也會不想穿衣服。你不能喝啤酒[2]或吃香腸，不然她也會想要。去睡吧，她自己一個人不肯睡的。」

好吧。

你眞的很討厭這個小小孩，根本不想和她有任何瓜葛。但是沒辦法：你得陪她玩。

在有些遊戲中，小小孩也是可以派上用場的。他們也有事可做。但是得讓他們聽話，不要破壞遊戲，得讓他們明白，不是所有我們做的事他們都可以做。

你對小小孩說：「坐在這裡，你做這個，你做那個。」

但是他們不聽。他們想要跑來跑去。但如果他們跌倒，頭上腫了個包或膝蓋破一塊皮，我是要負責的啊。再說，他們這樣跑來跑去會干擾我們的遊戲。

對大人來說孩子都是一樣的，不管是五歲還是十歲，只要對大人來說方便都沒差。

「孩子們，去玩吧。」

這眞是太方便了。你比較大，所以就要顧小的、讓小的、給小的做好榜樣。

大人自己埋下手足鬩牆的種子，這就是爲什麼他們無法好好相處。這就是爲什麼我們這些大孩子努力避開小小孩，只會在眞的無聊得受不了的時候才接近他們，不然就是爲了避免被叫去照顧更小的小孩。

但話說回來，我們也並非那麼無辜。我們有太多騙人的把戲。小小孩要是有了什麼好東西，馬上就會找到「好朋友」要來和他交換他的東西。「好朋友」會假裝跟他玩，當他拿到他想要的，就會拋下小小孩，不會回頭看一眼。而小小孩很驕傲，大孩子竟然跑來求他，所以不會把東西要回來，或是，他們只是不好意思提醒。

大小孩和小小孩之中，都有好孩子和壞孩子。

這就是爲什麼比較正派的大孩子不會和小小孩玩，這樣才不會讓自己被懷疑。而會跑去找小小孩玩的，都是最壞的大孩子。

而且，有些大孩子也眞的會給小小孩做壞榜樣，讓他們墮落。這樣的孩子會從小學壞，即便等他長大有了智慧，要改掉壞習慣向善，也很困難了。

我在路上邊走邊想。突然，我看到了我的斑斑，不由自主地停了下來。但我只是

2在柯札克的時代，「兒童」這個概念才剛浮現。那時候的孩子在大家眼中只是比較小的大人，童工、童兵都還是很普遍的事，孩子也會工作、抽菸、喝酒。

以爲我看到了牠，這隻狗甚至長得和斑斑一點都不像。於是，我又開始想斑斑。

「或許我不應該去把牠帶回來？或許牠在那裡比較好？也許媽媽一開始會答應，但之後又會生氣？如果他們想要養狗就會去養啊，根本不需要我來提。也許我再等個幾天，看看龐奇克維奇怎麼說，看斑斑在那裡過得怎樣。斑斑會隨地大小便，這就是爲什麼牠會被關起來。」

我自己也不知道，我希望斑斑回來，這樣我會比較開心，還是我希望斑斑留在龐奇克維奇家，因爲牠在那裡會過得比較好？不然要怎樣？我救了斑斑，也努力爲牠找到了家。也許現在我應該多關心伊蓮娜一點？

我已經來到了幼兒園，一群小小孩在那裡手牽手圍成圈圈，唱歌跳舞。

他們的老師說：「等一下才放學，你就來跟我們玩吧。」

她伸出手，於是我加入了他們。

如果是平時，我一定會覺得不好意思而拒絕，但是現在沒有人會看到我，於是我和他們玩。一開始，我和他們開玩笑，這樣就會有更多笑聲。我一下子蹲下，假裝我是小小孩，一下子假裝我腳痛，跛著腳走。我也想試探一下他們的老師，看看她會不會生氣。如果發生什麼事，我隨時可以走開。但是老師也在笑，所以我就更放膽玩開了。

小小孩都很開心，每個人都想跟我玩，想牽我的手。嗯，也不是所有人，因為有些人覺得不好意思，畢竟他們不認識我。最驕傲的就是伊蓮娜了，因為她有一個大哥哥。然後她開始對其他小孩發號施令：「你這樣做，你來這裡。」

她以為如果發生什麼事，我會保護她。

而我要她冷靜下來，不然我就要走了。

小小孩有個習慣：如果他們知道，哥哥會來幫他們，他們會先挑釁別人，然後逃跑，這樣哥哥就會來保護他們。如果哥哥是個頑皮鬼，就會去打別的小孩，這麼做一點風險都沒有，因為如果有什麼事，他還可以擺出一副高尚的樣子，「我為什麼打那個小孩？我是要保護我弟啊！」

他平常會把親愛的弟弟打得落花流水，但是現在——他是一個慈愛的哥哥，會捍衛弟弟。

比較正派的孩子不會想為弟妹出頭，因為他們知道弟妹做的是錯的，但是他們不得不這麼做，因為他們害怕大人會質問他們怎麼不保護弟妹。

幼兒園的老師有封信要寫，於是把一群小孩留給我照顧。他們乖乖聽話了，老師便到了隔壁房間去。

只有一個孩子一直在搗蛋。後來我和他們說了長靴貓的故事，而那小鬼一直故意干擾，讓我氣個半死。

然後我和伊蓮娜一起回家。我聽到口袋裡有叮叮的聲響，一翻，是兩分錢。如果我有更多，我就會留起來去還龐奇克維奇，但這麼少，一點都不值得。我於是把它給了伊蓮娜。她也會這樣做的，如果她有什麼好東西，就會和我分享。

我有時候會拿，有時候不會。因爲如果你拿了小小孩的東西，人們馬上會說這是你騙來的。每次有什麼壞事，要出來負責的總是那個比較正派、守規矩的孩子，雖然他什麼都沒做。

如果可以做出一些改變（但我不知道是什麼改變），我們的童年生活就會眞的比較愉快。我們小孩只要一點小事就可以快樂，但我們連這點小事都沒有。大人們好像有在照顧我們，但我們在這世上卻活得很辛苦。

我牽著伊蓮娜走著，心情很愉快。我現在更留心腳步，而且會選擇比較好走的路。我覺得我自己比較年長、強壯。伊蓮娜的手好小、好軟，像絲綢一樣。她的手指頭也好小。牽著這樣的小小孩，你甚至會感到驚訝：有時候你會喜歡這樣的小小孩，有時候你會恨她，雖然是同一個小孩。

她吃了一顆糖果，叫我吃第二顆。我不想吃，但還是吃了。她看著我笑了，很高興她可以和我分享。

有時候給別人東西，而不是一直從大人那裡拿，是很愉快的。但有時候當你給大人東西，但他們不想要，或是立刻給你一個更貴的東西當作報酬，這是很令人難過的，你會覺得自己像乞丐。

如果可以讓世界上的一切都是互相交換的善行，那就好了。當我憂鬱的時候，伊蓮娜給了我一個小玻璃球。而當我買糖果給她，她分我一顆。如果世界上能夠充滿這些善行的連結，那就好了。

我們回到了家。進門時，我看到阿姨來拜訪媽媽。阿姨說：「喔，妳的小牛回來了。」

爲什麼她叫我們小牛，而不是人？我們做錯了什麼嗎？爲什麼阿姨要罵我們是牛？只有母牛會生小牛，她幹嘛要講話這麼難聽啊？

我很生氣，完全沒和她打招呼，然後媽媽就生氣了。

「你為什麼這麼沒禮貌？你為什麼不和阿姨打招呼？」

「我幹嘛打招呼？」我說：「我昨天就去過她家了啊。」

「昨天是昨天，今天是今天。」

「小牛不會打招呼。」我氣呼呼地說。

「什麼小牛？」媽媽問。她甚至根本沒聽到，因為大人們只會聽到、記得大人被羞辱。

阿姨哈哈大笑。

「看啊，他的自尊心真高，還生氣了呢。」

她已經要站起來親我，但我轉過身去。她還以為她要把口水弄滿我整張臉，我會開心呢。

「別管那個沒禮貌的小鬼了。」媽媽說。

好吧，他們愛怎樣就怎樣吧，反正我在生氣。

難道我不可以生氣嗎?如果我現在不在乎自己的尊嚴，我長大後也會讓人來羞辱我。

我坐下，假裝做功課，但我整個人都因爲憤怒而顫抖。然後我想起，電車上的人也說我在乎尊嚴。大人以爲，小孩不會因爲受辱而生氣，彷彿讓小孩生氣很困難。才怪呢，每個人都知道什麼會令人愉快，什麼不會。

大人說:小孩很頑固。

小孩很頑固，不想打招呼。

因爲就是不想打啊。

「馬上說，馬上做。」

才不要。有時候孩子甚至不是故意惹人生氣，而是寧可決裂，也不要犧牲尊嚴……大人們不應該強迫我們，這只會讓我們更不願妥協。

我背對著他們，寫著我的作業。但是不像以前那麼快。我已經完完全全變成了一個孩子嗎?也許我已經忘了我當大人時會的東西?我又會在學校過得很辛苦了。我必須眞的很專心上課才能跟上，那可就眞的糟糕了。

這時，我聽到了喇叭聲，好像是消防隊……

「我可以去看嗎？」

我乞求地看著媽媽，等待她的判決……我已經不知道，如果媽媽不允許，我該怎麼辦。大人們經常想都不想就說：「不行。」然後他們就忘了這件事，不知道他們的「不」讓小孩多痛苦。

爲什麼要說「不」？對啊，爲什麼？因爲可能會發生什麼壞事，因爲他們想要安心，因爲沒必要，因爲不知道爲什麼。這只是件小事，無關緊要，如果他們要的話也可以說「好」，但是他們不想。不想就是不想，討論結束。

而我們知道，他們的「不好」只是個意外，如果他們肯多花一點力氣想一想，看著我們的眼睛，知道我們有多想要，他們就會同意。

所以我問：「我可以去看嗎？」

然後我等待。大人從來不必像小孩一樣等待。也許只有囚犯會這樣等，等人們放他自由。

我等著，並且想著，如果媽媽不准我去，我一輩子都不會原諒她。因爲大人們認為，我們老是要東要西，完全沒想清楚，然後要到之後就忘了。當然，有時候確實如此，但有時候情況完全不同。有時候，我們甚至完全不會懇求，因為我們知道反正也要不到，幹嘛去拿熱臉貼冷屁股呢（如果他們還加上一兩句酸言酸語或惡意的話，那就更令人難過了）。所以我們寧可自己暗中受苦，也不願提出要求，或是我們會耐心地久久等待，等大人心情好了，或是很滿意我們的表現，拒絕我們會讓他們難過，那時候我們才會提出要求。有時候也不會成功，那時候我們就會對他們和自己生氣：「我幹嘛那麼急？也許下次他就會答應了啊。」

我覺得，大人的眼睛和我們的不一樣，他們看事情的方式和我們完全不同。如果有朋友向我要東西，我只要看一眼就知道該怎麼做。我要不就馬上同意，要不就會開出條件，我會仔細問他，或者等晚一點再來處理。就算我不能給，我也會簡短地拒絕他，不會多說廢話。

像昨天就有個男孩在課堂上對老師說，他想去上廁所。老師說：「不要再扭了！你可以下課去的。」

我知道他沒必要扭。但這是他的錯嗎？我只要看一眼就知道他必須去。最後老師也讓他去了，但後來整堂課，她都在對他大吼，說他不安分。老師甚至忘了，他已經去過廁所。而我知道，他是因爲想要報復才會這麼做，因爲他受了那麼多苦，因爲他害怕，萬一來不及去，尿在褲子上怎麼辦？

大人不知道，我們爲什麼要鬧他們。他們以爲，只有他們能爲了懲罰我們而做這個做那個。我們也會懲罰他們——如果他們活該，我們就會用不聽話來懲罰他們。

不然，我們爲什麼會在不同人面前，表現都不一樣？

如果今天是另一個阿姨叫我小牛，我可能不會生氣，因爲那或許是玩笑。但是這個阿姨不是第一次這麼做了。她的語氣很高高在上，她總是很高傲，喜歡命令別人。嗯，她要那樣是她的事，但她又喜歡嘲笑、挑釁孩子。也許她很氣自己有很多孩子，但有人要她這麼做嗎？她可以不要生啊。

「我每天都被他們累得半死，養他們花好多錢，我還要把自己嘴裡的食物挖出來給他們吃，我犧牲好大啊。」

如果她把自己嘴裡的食物挖出來給孩子吃，那她怎麼還胖得跟水桶一樣？養孩子就是得花錢啊，沒有別的辦法。

有些大人彷彿完全看不見我們，他們說：「嘿，小子。」或：「呵呵呵，長這麼大啦。」

只是這樣而已，這樣才不會無話可說。你看得出來，他們除此之外對你所知無幾，和你相處彷彿會不好意思。如果他們來摸你的頭，那也是小心翼翼，彷彿害怕會把你弄傷、弄壞。這些人很強壯、善良、溫柔。我們喜歡聽他們和其他大人說話，說著某些冒險，或戰爭的事。我們喜歡他們。

有些人彷彿除了開玩笑、嘲笑小孩、給小孩取綽號、玩白痴的遊戲，沒有別的事好做。他們的鬍子很刺人，渾身菸味，喜歡對小孩亂摸亂捏。他們會用力捏小孩，然後看到小孩疼了就哈哈大笑。或是他們會把小孩丟高高，以為我們超喜歡這遊戲。

「要不要我把你丟出窗外？或把你的鼻子或耳朵切下來？這樣你就不用洗臉了。」

這一切都很蠢、很沒意義。你什麼都不能做，只能等他們玩夠了離去。

女人更可怕。她們馬上就會來摸你、拍你、親你。不然就是親你的嘴巴，不然就是用力抱你，讓你肋骨快斷掉。但是你必須對她有禮貌，因為她愛你。

如果是已經開始假裝自己是大人的十六歲青少年，這種行爲眞的令他們很難以忍受。他們要不就是會被大人弄哭，要不就是根本懶得理這樣的大人。

你們先管好自己，我們就會管好自己。

媽媽允許我去看火災。這眞是最好的時機，因爲如果消防車走了，那時候也沒火可看了。

「但是要馬上回來。」

她八成是有事情要和阿姨談，才會這麼快答應。

「但是不要跑太快，別把鞋子踩破。」阿姨插嘴。

她總是什麼都要管。

誰知道什麼是「馬上回來」啊。

我快步奔跑，因爲怕趕不上，也怕媽媽又會說什麼話，怕伊蓮娜會來煩我。你永遠不知道，還有什麼在等著你。所以我抓起帽子，一溜煙地下樓，一次跳過四級階梯。你可以這樣下樓，只是要抓著扶手，有時候木屑會插進你手裡，沒辦法，總要冒點險。

有個男孩看見了火災的地點，離這不遠，是賣煤油的店。人們說，油都儲存在地下室，如果燒起來，整棟房子都會陷入火海。警察在驅趕圍觀的群眾，消防隊員的機器和頭盔被火光映照得閃閃發亮。

我不希望這些裝煤油的桶子燒起來，因爲很可惜，而人們會流離失所。但你如果沒看到受害者在眼前，你就不會對他們感到那麼遺憾。而看到火燒得這麼烈、整棟房子都被燒燬而倒塌，是多麼壯觀的事啊。

爲什麼觀看可怕的事物會令人愉快？某件意外事故、有人溺死、腳踏車差點被車撞上、有人打架或小偷被抓。也許這就是爲什麼會有戰爭，因爲人類喜歡鮮血和危險。

而火災大概是最美麗的……而滅火是一件多麼神聖的事啊！

何況，大人也跑來看，不只是孩子。大人好像還可以幫忙，而他們則對孩子說：

「走開啦，你什麼忙都幫不上！」

所以我走得遠遠地看著火災，但一直在想：是否已該回去了，還是可以再待一下。但是我不能不看到最後啊，雖然我怕媽媽罵。

他們說，救護車要來了，因爲有個女人燒傷了。現在已經看不到火，只看得到煙。

我應該不會等救護車來，再說我也擠不過去。

但是現在火焰又竄向天空，消防隊員又往二樓接了一條水管。

「他們開始噴水的時候，我就走。」

也許現在房子就會倒塌？

我甚至希望這一切趕快結束。到底要不要禱告？警察把我們趕得好遠，我幾乎什麼都看不到，我已經想回家了。

但又有人說：消防設備壞了，新的消防車正在趕過來。

又有一個女人邊跑邊叫，人們把她拉住，她卻掙脫了。我看到了菲列克、布魯涅克和蓋葉夫斯基。我現在眞的很希望火災趕快結束，但是沒有人走，如果他們還留著，只有我一個人走實在很懊惱。

火災不是遊戲。但有趣的事都像遊戲那樣，我們經常要在最有意思、玩得最高興的時候中斷，這樣才不會遲到，或是違反大人的命令。

大人自己去別人家作客時，如果玩得高興，他們也會翻來覆去地說：「嗯，應該要回家了。」然後說：「再多待一會兒。」

或者再喝一杯，再跳一支舞，再玩一局牌——應該要走了，他們彷彿同情孩子已經想睡了，明天一早要早起。至少他們有手錶，可以知道遲到多久，而我們沒錶，什麼都不知道，只是不想走。

妻子說：「好了。」丈夫說：「再一下。」他們都知道，回家後沒有人會因爲晚歸而對他們大吼。

最令人生氣的是，如果遊戲很令人愉快，但之後卻必須帶著恐懼回家，因爲會和父母大吵一架。算了，還是讓他們等到明天吧。

孩子甚至會想：「我再也、永遠都不想去玩了。遊戲讓我想吐，一切都讓我想吐。」

孩子甚至連快樂也不要了。

所以我匆匆忙忙回到家，媽媽只說：「你的馬上還眞快啊！」

我等著，也許媽媽會問，哪裡失了火。但是她說完就出去了。

我剛坐下來寫作業，伊蓮娜就來找我。

「你去了哪裡？」

我說：「走開。」因爲我正在讀一個數學題目，不太明白現在應該要做什麼，她卻站著不走。

所以我說：「我去看了火災，現在走開。」

她說：「什麼失火了？」

我就算說了她也不會懂。但我很有耐心，於是說：「一家店失火了。」

她說：「爲什麼？」

我說：「因爲妳流鼻涕！去把鼻子擦乾淨。」

她覺得很不好意思，便走開了。我爲她難過，因爲我對她這麼粗魯。這已經是今天第二次了。我先是對孟德克很粗魯，現在則是對伊蓮娜。

於是我對她說：「過來，我會告訴妳。」

但是她已經走了，她一定很生氣。所以我又開始讀題目，因爲明天第一堂課就是數學。

伊蓮娜又來到了我面前，說：「我已經擦過了鼻子。」

我什麼都沒說。

她站在那裡，彷彿自言自語地小聲說：「我的鼻子已經擦乾淨了，內褲也沒有露出來。」

她的態度很卑微，她很怕我會生她的氣。

所以怎樣？也許我會告訴她？我於是開始說，但是她什麼都不明白，只是一直問：「爲什麼？」

爲什麼要用水滅火？爲什麼要用水管？爲什麼是消防隊員？什麼煤油，它是活的嗎？它很大嗎？

她那麼小，什麼都不懂。我也不是很懂。

「等等，我畫給妳看。」

我畫了戴頭盔的消防隊員、幫浦——這圖畫彷彿替我向她解釋了火災。

如果沒有我們，小小孩就什麼都不會知道。他們從我們這裡得知一切。他們從我們這裡學，而我們從比我們大的人那裡學，知識就是這樣傳遞的。

我已經不知道該說什麼好，於是說：「重複一遍我說的。」

她說：「店裡的水起了火，警察來把人趕走，也有火，也有火災。」

她以爲火和火災是不同的東西。

「是有火，才會有火災。」

她又流鼻涕了，但這次我什麼都沒說，就讓它流吧，反正我也沒辦法寫數學作業了。我大聲地讀詩，伊蓮娜聽著我讀。

媽媽回來了，我於是下去溜冰。大家都在冰上溜來溜去，痕跡一直延續到好遠的地方。我想要學會一隻腳蹲下來溜。我會轉彎，也會往後溜。我跌了四次跤，有點跌傷了。

當我上床去睡覺，我覺得很憂鬱。

我現在的渴望，比我還是大人時的渴望更甚。

渴望和孤獨，還有想去冒險的心。

如果我在非洲出生就好了，那裡有獅子、食人族和椰棗。

爲什麼人們都擠在一堆？世界那麼大、那麼空曠，而城市裡擠滿了人。

如果可以到世界各地去，和愛斯基摩人、黑人或印度人一起住一段時間，那該有多好啊。

草原的火災一定很漂亮。

如果每個人家門前都可以有一個花園就好了。你只要把花苗種下去，澆水，它們就會自己長。

我又開始想斑斑。

「我明天要和龐奇克維奇說什麼？」

我甚至已經不想養牠了。牠會帶來一堆麻煩。我可能會生牠的氣，然後打牠，牠會因此難過。門房會趕牠，孩子們也會在院子裡追牠。照顧一個活生生的動物，這責任太大了。

如果龐奇克維奇想要牠，就讓他養吧。

愛

舞會終於到了。媽媽穿了那件被蛾咬破的連衣裙，但是一點都看不出來，阿姨把它縫得很好。我們慶祝了媽媽的命名日，來了許多客人，大家一起跳舞玩樂。活動是晚上開始的，但我不知道是什麼時候結束的，因爲我在卡洛家過夜。

瑪莉娜也從維爾紐斯[1]來了。我和她跳舞，因爲皮約特叔叔叫我們跳。我不想跳，皮約特叔叔說：「你這樣有紳士風度嗎？這位淑女大老遠地從維爾紐斯來找你，你卻不想和她跳舞。」

我覺得很丟臉，於是跑向樓梯。因爲你怎麼能這麼說？她好像是來找我的，我這樣做她可能會難過。但是叔叔把我抓住，舉到空中，我不斷掙扎，雙腳在空中踢啊踢。叔叔雖然幾乎快要喘不過氣，但他緊緊抓住我不放。我氣得要命，因爲這樣子比原先更丟臉了。他最後終於把我放下，說：「給我跳。」而父親說：「好啦，別像個蠢蛋，跳吧，瑪莉娜是客人！」

從維爾紐斯來的客人。

我站在那裡不知所措，我想逃，但是我怕他們又把我抓住、拉扯我。所以我只是稍微、不引人注意地整理了一下衣服，看看有沒有鈕扣掉下來，布料有沒有撕裂。

瑪莉娜看了我一眼，說：「別害羞，我也不是很會跳。」

她率先走向我，然後牽起我的手。她用藍色的絲帶把頭髮從側邊綁了起來，綁成一個藍色的大蝴蝶結。

「來吧，我們試試看。」

我恨恨地看著叔叔，而他哈哈大笑。大家都讓開了，只剩下我們在舞池中間，還有我父親。我知道，如果我不聽話，父親就會生氣，也許他會把我趕出去，不讓我在

1維爾紐斯（波蘭文：Wilno，立陶宛文：Vilnius），立陶宛首都。波蘭和立陶宛曾是聯邦，即使在波蘭亡國後，甚至是今日，立陶宛都住了許多波蘭人。

舞會上玩。我沒有第二條路。

我開始和她一起繞圈，我腦袋裡轟隆轟隆的，因爲已經很晚了，而我喝了啤酒。於是我說：「好啦，跳完了。」人們說：「再跳一首！」我覺得好熱，旁邊有好多人在圍觀。她還在跳，所以我也只好繼續跳，直到我眞的開始跟著音樂、跳在節拍上。

我不知道我們只跳了一下，還是跳了很久。我們一直跳到瑪莉娜說：「好啦，夠了，我看你也不想跳了。」

我說：「我怎麼會不想？只是頭很昏。」

她說：「我可以跳一整晚的舞。」

之後大人開始跳舞了，我們於是站在門邊。我們，指的是我和瑪莉娜。

「華沙很漂亮。」

「維爾紐斯也是。」我說。

瑪莉娜問：「你去過維爾紐斯嗎？」

「不，我只聽學校老師說過。」

她對我說「你」，而我不知道要怎麼稱呼她。在大人的世界，稱謂的規則簡單明瞭，對不認識的人要說「您」，就這樣。而在孩子的世界，規則永遠不清不楚。對某個孩子你會用「你」，對另一個孩子則用「您」。我自己也搞不清楚到底要怎樣。我們對此感到很丟臉、尷尬、不安，總是想拐彎抹角、逃避問題，不這樣說也不那樣說。

她——瑪莉娜——只是來華沙一下下，之後就會回維爾紐斯，也許會在這裡待個一星期。

「來很久嗎？」

「誰？」

「嗯，那位女士，阿姨，瑪莉娜的媽媽？」

「嗯，差不多一星期。」

他們會搭夜車回去，我從來沒坐過夜車。

「我想要，」她說：「一直住在華沙。」

「而我想住在維爾紐斯。」

我只是不太眞心地這樣說，維爾紐斯好像是個漂亮的城市。

她開始說維爾紐斯有哪些街道，而我說華沙有哪些街道。然後我們開始說這兩個城市有哪些雕像和紀念物。

「找一天來維爾紐斯吧，我會帶你去看這一切。」

我愚蠢地說：「好。」

彷彿我可以決定這一切。

後來卡洛來了，我們聊了一下學校的事。那邊的老師怎樣，這邊的老師怎樣，那邊有什麼課本，這邊有什麼課本。我們聊得很愉快。但是皮約特叔叔看到我們站在那裡，所以我很快溜走，免得他又來找我麻煩。

之後他們要瑪莉娜唱歌，她甚至沒有不好意思。當她唱歌時，她的眼睛望向上方，彷彿在看天空。而且她還面帶微笑。

我們又開始聊天。因爲史蒂芬說，在他們的院子裡有三個雪橇，一個很大，可以載兩個人。

他對瑪莉娜說：「來吧，我會載妳。」

接著他又開始說，他們的溜冰場有多好，都在他們的院子裡。我不喜歡一直說自己的事的人。

然後我的舞會就結束了。

那位女士（就是阿姨，也是瑪莉娜的媽媽）把瑪莉娜帶走了。我媽媽對我說：

「也許你該上床睡覺了？」

我一點都沒反抗，只是問：「去哪裡？」

「去古斯基家睡。」

古斯基家就是卡洛家。

「明天要上課。」

我知道如果我堅持再留一下，媽媽會讓我留下來，但是我要留在這裡做什麼呢？

我很睏，而且在這裡很無聊。

伊蓮娜也是吃完晚餐就過去了，而我現在和卡洛一起睡。

卡洛問：「爲什麼那些從維爾紐斯來的人說話都把音節拉得那——麼長啊？」

「我不知道。」

「我本來想問瑪莉娜，但我怕她會不高興。」

「一定會。」

「她的頭髮像吉普賽女人一樣黑。」

「一點都不像。吉普賽女人的頭髮很硬，她的很軟。」

「你怎麼知道？」

「看得出來啊。」

「皮約特叔叔說像吉普賽人。」

「皮約特叔叔是個蠢蛋。」我生氣地說。

卡洛打了個呵欠，閉上嘴巴。但之後他又開始了，「我們這裡沒有女孩像她這樣。」

我什麼都沒說。

然後他又說：「這女孩眞棒。」

我什麼都沒說。

「她唱歌眞好聽。」

我等著他翻身轉到另一邊，因爲我是客人，就算不想說話也要陪主人聊天。

所以我問：「你做完明天的作業了嗎？」

「喔，管他什麼作業啊……」

然後他打了個呵欠，最後說：「嗯，該睡了。啊你爲什麼馬上就同意要走？也許等下會有好玩的事？」

「還有什麼好玩的？他們只會喝更多而已。」

「你喝了伏特加嗎？我喝了兩杯。」

明天到學校他就會吹噓，他有多了不起了：他喝了兩杯伏特加，但是頭一點都不暈。

他轉身翻到另一邊，蓋上被子，但是問：「你會不會冷？我拿了太多被子嗎？」

「沒有，這樣很好。」

人快要睡的時候，隨便什麼事都會讓他心煩。我覺得抱歉，我不喜歡卡洛，但是他卻關心我冷不冷。爲什麼我說大人「只會喝更多而已」？批判大人不是件好事。沒辦法，他們和我們不一樣，他們也有自己的玩樂。嗯，若不是皮約特叔叔，我甚至不會和瑪莉娜講一句話。我們總是爲各種事不好意思。我們總是害怕，自己會說出什麼蠢話、做出什麼蠢事。我們一直沒自信，這樣做到底好不好，我們總是怕大人笑。

我自己也弄不明白了，對我們來說，是大人的嘲笑比較糟，還是他們對我們大吼比較糟？

在家裡和學校都一樣。你問個問題或事情，不小心弄錯了，或是別的什麼——大人們馬上開始笑，開始逗弄你。每個人都想當那個最聰明的人，都在伺機等待可以嘲笑另一個人，把他踩在腳下。

這種害怕被笑的恐懼會讓人心生膽怯，讓他綁手綁腳，一直缺乏自信。他越是小心，越容易搞砸、做出不該做的事。這就像是在溜冰一樣：越害怕的人，會摔越多次。

「嗯，我們明天得做個雪橇。」我想著，然後就睡著了。

我才剛睡著沒多久，他們就把我叫醒，要我起床了。其實我睡了好幾個小時，我只是以爲自己只睡了一下子。

我吃早餐的時候一直揉眼睛，沒什麼胃口。父親試探地問我：「也許你不想上學？」

他以爲我聽到這話會高興自己可以不用上學。因爲他接下來說：「玩歸玩，學業也是不能荒廢的。」

我仔細地檢查書包，免得忘了東西，鋼筆或別的什麼。在還很想睡的時候，就得特別小心。但是我沒忘。於是我出門去上學。

我的腳走著，但我腦裡想著：我要去維爾紐斯。我會坐夜車去，窗外的路燈會像火花一樣向後飛馳，忽左忽右。

在上學的路上和課堂上，我都想著這趟旅程。下午兩點時，我已經很想睡了，然後我完全忘了自己是在課堂上，開始輕輕地低聲哼唱。

老師問：「是誰在唱歌？」

我那時甚至還沒反應過來，只是左右張望，看看是誰在唱歌。波洛夫斯基說是我，老師問：「是你在唱歌嗎？」

「不是。」

因爲我眞的沒注意到。然後，我又忘了這件事，再次開始唱歌，也許比第一次更大聲。老師生氣了。波洛夫斯基說：「你現在賴不了了吧？」

我說：「是我。」

我這時才眞正醒了過來，發現第一次和第二次都是我在唱歌。

老師驚訝地看著我說：「我不知道連你也會惡作劇，還會說謊。」

老師沒注意到嗎？我的表情也很驚訝，還很擔憂？我喜歡老師啊，她也對我很好。我幹嘛要故意鬧她？我低下頭，羞紅了臉，只是如此。就算我解釋，老師也不會相信。現在我知道，孩子可能會彷彿在睡夢中一樣，突然大叫或是吹口哨。人們馬上會說：「他在惡作劇，眞不聽話。」

「不聽話」是個噁心的字眼，比「搗蛋鬼」還糟，比任何詞都糟，是對尊嚴的一種污辱。「聽話」是對狗說的。我也不喜歡「服從」這個字，比如說在上體育課時。

服從——訓練。

聽到這些字，我馬上就會想到：處罰、被皮帶抽、被皮繩打。

「不聽話的小鬼。」

「小鬼」也是個噁心的字眼。還有「隻」。大人們會用「隻」來談論我們，彷彿我們是貓或狗。

有些字十分粗俗，不應該在學校用。有時候，只因爲大人常用一個你不喜歡的字眼說話，你就不喜歡這個大人。

老師先叫我去後面罰站，後來馬上又叫我去黑板解習題。那習題很簡單，我馬上就知道答案了。我小聲心算了一下，說：「十五。」

老師假裝沒聽到。

「把習題解出來。」

我很氣，說：「答案是十五，不是嗎？」

老師說：「你做了就會知道，爲全班做這一題。」

我不情願地開始解習題，然後解錯了，大家都開始笑。

維斯涅夫斯基問：「他要回去座位上，還是回去後面罰站？」

「回去，你今天的分數是兩分。」

我走著，忍無可忍。因爲維斯涅夫斯基故意把手肘擋在走道上，所以我推了他一下。然後他使盡全力大叫：「你推什麼推？」

這頭豬，他還怕老師沒看到。而老師在遲疑，到底要繼續折磨我，還是要處罰他。

班上的氣氛開始騷動不安。孩子就是這樣，安靜坐著時很安靜，但如果有一個人開始鬧，馬上全部人就會開始講話、嘲笑、開玩笑、大笑。那時候就很難讓他們安靜下來了。這一切，都要怪那個第一個開始鬧的人。

「他們愛怎樣就怎樣吧。」

我把頭埋到手臂裡，假裝在哭。孩子們經常這樣做，這樣最有效。那時候其他人就會收手了。但我沒在哭，我只是很痛苦，因爲我很不快樂。

然後我突然想到：「如果瑪莉娜當上老師，她會完全不同。」

因爲如果孩子表現不好，你可以用別的方式懲罰他們，而不是給他們兩分。因爲那個在我之後去黑板結結巴巴、七零八落地解題的人，最後得出的答案也是十五。

「瑪莉娜不會這樣做。但是她那麼小，而且她要走了。她會坐整晚的車到好遠的地方去，到維爾紐斯。我看不到她了，也許永遠都看不到，她不會再唱歌了。而瑪莉娜的笑容是這麼甜美，她還有藍色的蝴蝶結，有柔軟的頭髮，一點都不像吉普賽女人。」

老師一定很生氣，因爲下課時她來找我，說：「你要是再一次像剛剛那樣鬧情緒，我就去和校長講，這一次我不會再幫你說話了。」

然後老師就走了，她沒有讓我解釋。就算她讓我解釋，我能說什麼呢？

說我愛著瑪莉娜嗎？

說出這件事不如讓我去死。

「鬧情緒」。我才沒有鬧情緒，而老師說的是一件舊帳。大人不應該把以前幫過小孩的事拿出來講。就讓大人記得，這很刺人，而且最讓人憤怒。因爲這表示，大人們認爲我們忘得很快，我們不懂得感恩。

忘記的是他們，我們記得很清楚，會記得一年或者更久。我們會記得每一個粗魯的行爲、每一件不公平的事、每一個警告或提醒、每一件他們做的好事。我們會仔細衡量所有一切——然後選擇要當大人的盟友或敵人。我們可以原諒很多事，如果我們看到：大人有一顆善心，而且很眞誠。當我平靜下來，我也會原諒老師。

孟德克來找我，開我的玩笑。他看到我很鬱悶，所以想讓我開心。

「你不會開始害怕數學吧？你會考五個滿分，一個兩分沒什麼關係的啦！它自己都會被嚇到，一溜煙地跑走！你數學那麼強！」

我靜靜地說：「別——談了啦。」

我到中庭裡去，但是沒有在玩。現在跑來跑去讓我覺得有點蠢。

「如果所有的女孩都可以像她一樣就好了。也許我們眞的會去維爾紐斯?也許爸爸會在那裡找到工作?所有的一切都是可能的。」

我從圖書館借了一本書，那是歷史故事，我會讀它。

我自己回家，孟德克沒辦法一直等我。我走著，只是會用腳去踢腳下的冰塊。你必須試著平平地往前踢，但冰塊還是會往左右兩邊飛。我用Z字型走著，因爲我不想停下把它踢回來，只想繼續往前。最糟的是，如果冰塊撞到人行道，那時候就會完全彈到後面去，必須把它踢回來。我對自己說，我可以把冰塊踢回來十次，十次就不玩。

但我在路上遇見了父親，他很生氣，說我這樣會把鞋子踢壞，還會把鼻子摔斷。

我走進門，鄰居的孩子們已經在玩雪橇了。於是我也去玩，但不是玩得很愉快。因爲當你有煩憂的時候，雖然也可以去玩，但是你三不五時就會想起令你擔憂的事，彷彿有人走過來說：「你忘了嗎?你不記得教訓嗎?」

這不是良心，而是煩人的思緒。良心是完全不同的，比這更有威脅性，它會說：「要敬畏神。」

有個男孩說，世界上根本沒有神，那只是人想像出來的。他說，這件事他敢肯定。他甚至想打賭——眞笨。

我用雪橇載了他們兩次，而他們載我一次，這樣已經足夠了。

回到家，我在窗邊坐了一下，然後看了看書裡的圖畫。我不喜歡它們。因爲第一張是英雄畫，裡面有一個騎著馬的騎士，他在戰場上，周圍槍林彈雨。他舉起彎刀，看起來卻像個人偶，他抬頭挺胸的方式太過緊繃。

不是這樣嗎？給孩子的東西就是會做得比較差。一流畫家爲大人而畫，給孩子畫畫的是三流畫家。寫給我們的故事和詩、歌曲也彷彿是出於同情才寫的，隨便誰都可以來寫。大人們不想聽的作家、畫家、音樂家，都會來孩子這邊尋找讀者、聽眾、觀眾。

但我們卻是最愛故事、圖畫和音樂的人啊。

孩子們又叫我去院子了。他們說要做新的雪橇，要我提供我的兩個木板、繩子和鐵片。

當他們看到鐵片很少，繩子很短，便露出失望的表情。

雖然短，但很牢。

一個木板用來做座位，第二個則用來讓底部更牢固。如果我們有更多鐵片，就可以把它釘上整個雪橇，這樣雪橇就會跑得更順。但是沒那麼多鐵片，至少我們可以裝前面。我也提供了釘子，一根長長直的，是我在街上找到的。

每個人都記得自己提供了什麼，因爲貢獻越多，權利就越大。

自己做雪橇眞好，可以完全獨立，不求任何人。孩子眞的很少擁有眞正屬於自己的東西啊。

我身上穿的衣服好像屬於我，但卻是父母買的。我必須爲我的課本和筆記本對家人和學校負責。每個人都會看，也有權利插手。

老師可以把書捲成喇叭，而孩子？就讓他們試試看好了。馬上就會有人跑來說我們不尊重書本，因爲孩子的一舉一動都必須完美無瑕。

一群人共同擁有一個雪橇不是件好事。因爲我們得一直吵架。一個人想載這個人，另一個人想載那個人。一個人來拉扯，然後雪橇倒了——大家說，這樣雪橇會壞，他卻聽不進去。他也出了幾塊木板，所以他也有權利。

或者有人不想拉雪橇，只想像個公爵一樣坐雪橇。我們常常吵架——這是眞的，但是在孩子的世界，一切都會按照自己的法則運行……

大人也會有各種糾紛，要去各式各樣的法庭解決，而我們只有告狀。大人們不喜歡我們告狀，他們隨隨便便做出判決，只爲了打發我們。所以，勝訴的可能會是大人比較喜歡的孩子，或是比較年幼的孩子，或是比較年長的孩子，或是女孩，或是兩個各打五十大板，因爲吵架不好。

也許有一天大人們會和諧、友愛地共處，但不是現在，還不是。

現在隨便什麼小事就會馬上讓人生氣：

「不讓我這樣的話，那你們就把我的板子和釘子還給我。」

他知道我們不會還。不然要怎樣？難道要把雪橇拆開，讓所有的工作都白費？我們也是可以去找新的夥伴啦，但就要重新約定、協商，累死人了。

「孩子們喜歡自己動手做東西。」

當然，我們喜歡自己動手。但是當東西做好，我們就希望可以使用它，而不是再做一次。

我畫了一個什麼，但有人卻因爲愚蠢的玩笑而把我的畫撕破、弄髒，這眞的很可惜。我找了木棍和繩子，做了一條鞭子，我不想讓它被人弄斷。如果我做了雪橇，那就要用雪橇來滑雪。

有時候重新開始是好的，因爲第二個可能會更好。但是你必須事先知道你想要這麼做，也要知道爲什麼這麼做。比如說，有更好的工具，或是有更多材料。

因爲要是沒有鐵鎚，你要怎麼做雪橇？我們只能拿石頭當鐵鎚。如果那塊石頭好用，那還算了。我們是看到了一塊好用的石頭，但是它在人行道裡。我們甚至想過要把它挖出來，之後再放回去。但是如果門房發現，他會狠狠對我們大吼，把我們趕走，之後我們會一星期都不敢到院子裡去。

所以我用一塊圓形的石頭敲，不是很好用，我不小心敲到了手指頭，上面出現一塊黑色的瘀血。而且鐵絲也把我指間的皮膚弄破了，現在當我彎起手指就會痛。因爲有一個地方我必須拉鐵絲——那邊本來應該釘一個長釘子，但我們卻釘了三個短的，木板於是裂了，得用鐵絲把釘子拉出來。

在做的過程中，一直有東西壞掉，我們也必須一直修補。

這時，約瑟夫來了。

「喔喔，你們做了雪橇啊，但是卻不會動。」

「那你去做一個更好的啊。」
「當然，如果我想要的話我就會做。」
「那你就去想要啊。」
「我就是不想要。」
「走開啦，不要一直在那邊廢話，你不喜歡的話就不要看。」
然後他說：「你還不准別人看喔？」
「就是不准。」
一個人在修，另外兩個人開始推他，直到法蘭克說：「放開他啦，還是來幫我扶著，因爲我一個人沒辦法。」
「那他幹嘛一直站在那裡說廢話？」
「要說就讓他去說，他沒有雪橇，他是嫉妒才那麼說。」
「喔喔，做那麼爛我還要嫉妒啊。」
有時候吵架會演變爲打架，有時候則眞的對情況有幫助，這次是後者。
「沒有鐵鎚，你們什麼都做不了。」

我說：「既然你這麼聰明，就拿鐵鎚來啊。」

「我要是給你們，你們就會弄壞。」

「你有嗎？」

「我當然有。」

他只是說說而已，還是眞的有？

但是他眞的跑去拿來了。

「你的嗎？」

「不然還是誰的？」

「你不是拿你爸的吧？」

「那也是我拿的，不是你。」

他沒有經過允許就拿了，如果出了事，所有人都會受罰。

他竟然還有釘子呢。

「如果你們讓我坐雪橇，我就給你們釘子，借你們鐵鎚。」

我們不應該拿的，因爲他是個搗蛋鬼。但不拿的話，雪橇又做不成，所有的工作都白費了，大家都想坐雪橇，即使只有一下子都好，所以我們同意了。但是鐵鎚也沒幫上什麼忙，因爲木板都碎了。而他眞的很重，還坐在雪橇上，彷彿想故意把雪橇弄壞。

所有的工作都白費了。

我們又開始吵架了，於是我回家去。

眞難受，眞難受，眞難受。

伊蓮娜看著我，她看得出來我在心煩，所以沒開口叫我跟她玩。她把一張小凳子拖了過來，坐在我身邊，把手放在我膝上……

而我什麼都沒說，只是想：「如果瑪莉娜是我妹妹就好了。」

我知道這樣的想法是有罪的，因爲這就好像是我希望伊蓮娜死掉，這樣我就會有別的妹妹。

我閉上眼睛，把手放在她頭上。她馬上把頭枕在我膝上，很快就睡著了。然後我說了一段禱詞：我希望伊蓮娜健健康康地活著，我希望瑪莉娜快快樂樂。

因爲就是這樣：我愛她，瑪莉娜。

人的內在到底發生什麼事？爲什麼有這麼多不同的東西？當我往外看，我看到房子、人、馬和車子。有一千個或一百萬個不同的名詞：活著的和死去的。這些東西在概念上只是名詞而已。而在人的內在，當我閉上眼，我會看到同樣的房子、人、馬。好像沒錯。但是每個名詞會有許多形容詞：大房子、漂亮的馬、和善的人。然後我們會憑藉著這些形容詞和名詞，決定我們是否喜歡、喜愛這些事物。

即使是喜歡、喜愛，也有分很多種。我對斑斑、父母、孟德克和來自維爾紐斯的瑪莉娜的喜歡，是不同的。

嗯，因為我是這麼區分的：喜歡，很喜歡，愛。

就這樣。

我感覺這些愛的程度也不同。

然後彷彿在這一切愛的頂端——是神。

眞奇怪。

如果我不曾是大人，也許我不會知道這一點。現在我知道了，孩子們是會愛的，只是他們不知道如何給這愛命名。他們也許不好意思承認。不，不是不好意思說出口，而是連在內心中，都不好意思承認這樣的想法，只說他們喜歡。

他們甚至害怕說：「這女孩眞親切，我喜歡她，她眞可愛。」因爲大人們最喜歡嘲笑孩子的愛情了。從這邊我們可以看出，大人有多粗俗。

他們說：「單身漢和單身女郎。」

或者：「快點，親個嘴嘛。」

或者：「喔喔，你們訂婚了。」

或者更糟的：「是夫妻了。」

彷彿我們不能喜歡任何人。我們只能和彼此談話、看著對方、一起玩耍、在道別時伸出手握一握。但是不要讓任何人問任何事，甚至什麼都不要注意到。

沒辦法，就是不行。

我如果隨口問起：「瑪莉娜是個好名字嗎？」或是說：她頭上綁了漂亮的藍色蝴蝶結。或是：爲什麼她笑的時候有酒窩？我只要問了什麼或說了一句，大人馬上就會開始他們的間諜活動：「你喜歡她嗎？也許你想娶她？」

愚蠢的玩笑，令人不悅的笑聲。

嗯，因爲我知道。

有些孩子聽到這些會刻意嬉鬧、耍白痴。他們想要討好大人、拍大人馬屁，於是會把女孩拉到自己身邊，說：「這是我太太，我未婚妻。」

大人彷彿希望我們表現聰明，不喜歡我們扮小丑，但我們會這樣，都是被他們逼出來的。

他們不知道，對有感覺的孩子來說，扮小丑其實是一件令人心痛的事。有些孩子眞的就這樣被大人弄壞了，有些孩子只會對大人心懷怨忿，因爲大人好奇地多管閒事，因爲大人們看穿了孩子們的心思。

我靜靜地坐著思考。和我一樣，千百個孩子也在傍晚時分，在不同的房間思考人生中奇怪和憂傷的事，他內在發生什麼事，外在發生什麼事。大人對我們這些思緒一無所知。頂多：「你在那裡幹嘛？你爲什麼不去玩？你爲什麼這麼安靜？」

當孩子吵鬧夠了、跑夠了、看夠了各種事物，他之後會想要在寂靜中和自己對話。幾千個孩子中，只有一個會在大人之中或好朋友之中找到可以對話的同伴。

因爲，比如說，夢就是很奇怪的東西。伊蓮娜睡著了，什麼都不知道。或許她在做夢，因爲她嘆了一口氣。或許她在幼兒園也有喜歡的孩子，只是她不想說。

我把伊蓮娜和自己比較，我也想起我還是大人的時候。我發現，我們所有人都很相似。大人有孩子氣的部分，孩子也很成熟。我們只是還沒開始彼此了解。就是這樣。

我第二次見到了瑪莉娜。

瑪莉娜還來了我們家一次，就那一次。她甚至沒把大衣脫掉。她說，她得走了，她只是來說再見。

第一次見面時打招呼，第二次見面時就道別。

我站在自己的花盆前，我之前種了豆子，它已經長出來了，甚至有四片葉子。左邊兩片，右邊兩片。種東西然後看到它長出來，真是令人愉快。只要澆水，豆子就會長出豆苗，綠綠的，小小的。之前什麼都沒有，而如今它存在了。

我站著，手中拿著一張明信片。明信片的圖畫中，站著一個長翅膀的天使，身旁有兩個小孩，在深淵旁彎腰摘花。天使看守、保護著他們，不讓他們墜入深淵。

瑪莉娜是和那個陌生的阿姨一起來的。我也是這輩子第一次見到她，她是我的遠親。

我想著：「如果瑪莉娜和我說話，我就會把這張明信片送給她做紀念。如果不會，那就不給她。」

這張明信片是我買來要送給瑪莉娜的，因爲我知道她會來。我只是很擔心，也許她來的時候我在學校。

放學後，我立刻衝回家，每天都如此。孟德克問：「你幹嘛這麼急？」媽媽也很疑惑地說：「學校提早放學嗎？」

我什麼都沒說。我是要和他們說什麼？

瑪莉娜來的時候，戴著白色絨帽，和白色的絨毛領子，頂著一頭鬈髮。

她媽媽和我媽媽在說話，談話的主題是一些維爾紐斯的朋友們。

而她什麼也沒說。

因爲我只是匆匆地親了來自維爾紐斯的阿姨，然後就別過身去看我的花盆。

而她站在那裡，倚靠著自己的媽媽。

我從書中拿出明信片，就是那張有天使的。

瑪莉娜原本站在那裡，這時很快地走到我身邊。急匆匆的，彷彿在跑步。我又把明信片塞回書中，我覺得我一定臉紅了，因爲我比之前更尷尬了。

她站在那裡，絨毛手籠遮住她大半張臉，我對她微笑，她也對我微笑。我別過身，假裝自己在看花盆。

伊蓮娜跑過來了，給瑪莉娜看她的娃娃。伊蓮娜說：「妳看，她有穿鞋子。」所以我又轉過身去。瑪莉娜拿起娃娃，問：「她會閉上眼睛嗎？」

我說：「不會，小娃娃不會閉上眼睛。」

瑪莉娜於是走得更近了。她說：「小娃娃也可能會閉上眼睛的，只有那種眞的很小很小的，才不會閉上眼睛。」

然後她說：「我要去坐車了。」

我很害怕，她說的「去坐車」就是「馬上」。我很快地把有天使的明信片拿出來，因爲我怕趕不上，之後我就沒辦法給她了。

我給她看明信片，說：「漂亮嗎？」

她小聲地說：「漂亮。」

我於是更小聲地說：「也許妳想要？」

我不希望伊蓮娜看到。因爲小小孩很喜歡管閒事，也許她會大聲張揚。

但是媽媽和阿姨在聊天，什麼都沒看到。

瑪莉娜說：「寫幾個字給我留紀念。」

她說出她的請求，然後看著我，看我會不會同意。這眞是太好了。我很快地寫下：「來自華沙的紀念。」然後在上面放了一張吸墨紙。

瑪莉娜說：「喔，這樣墨水會暈開的。」

我說：「完全不會，看。」

我說了「看」，這表示，我把她當成「妳」來看待。[2]

但是紀念的「紀」有一點暈開了。

她說：「沒關係。」然後又說：「你的字很漂亮。」還說：「寫上是給誰的，還有是誰寫的。」

「要幹嘛？」

瑪莉娜想了想，偏著頭說：「也是啦。」

但我還是寫了：「給維爾紐斯的瑪莉娜。」

然後我用包巧克力的錫箔紙把明信片包好，因爲我事先就準備好一切了。但是我發現它還是太亮了，於是我撕了一張筆記本的紙，再包了一層。

瑪莉娜說：「喔喔，你從筆記本上撕了一張紙。」

我說：「不要緊。」

媽媽說：「脫下大衣吧。」

她媽媽說：「不了，我們很快就要走了。」

瑪莉娜拿過明信片，把它塞到手籠裡，問我：「你最喜歡哪個字母？」

我說：「大寫的R。」

「我最喜歡大寫的W。給我一張紙，我寫給你，但是要用鉛筆。我們來比誰寫得好看。」

於是她寫了，我也是。但是我沒有認眞寫。我幹嘛要寫得比她好看？

2「看」（patrz）是對比較熟悉的「你」說的，如果是對比較陌生的「您」，就會用「請您看看」（niech pan/pani patrzy）。

寫完後，她說：「現在來看看，誰的比較好看？」

她笑了，她的牙齒很整齊，很白。

她說：「你在明信片上寫得比較好看。」

我紅了臉，說：「有時寫得好，有時寫不好。」

我們寫了「華沙，維爾紐斯」，還有各種字詞，然後我們寫數字。

「我超討厭寫八的。」她說。「總是寫得歪歪扭扭。」

我說：「沒錯，八很難寫。」瑪莉娜穿著大衣，這也讓她寫字不是很方便。於是她看了看自己的媽媽，問：「我可以脫下大衣嗎？」

但是她們已經要走了。

瑪莉娜想要把我們寫了字的那一頁撕掉，但是我不讓她撕。

「你要這個幹嘛？」

「就讓它留在那裡。」

「留著幹嘛？」

我小聲地說：「當紀念。」

「喔，你幹嘛拿這個當紀念，我會從維爾紐斯寄漂亮的卡片給你啊。」

但是她讓那張紙留下了。

我給她看我的花盆。如果她想要我就會給她。但是她要怎麼帶著這花盆坐車呢？

瑪莉娜用手指摸了摸每片葉子。

她媽媽說：「好了，我們該走了。」

於是她站起身，瑪莉娜也很快地站到了她媽媽身邊。

然後我們就沒再說話了。我留在我的花盆邊。我媽媽和她媽媽還站著聊了很久，或許並不久，只是我很希望她們趕快走。

我害怕道別。

接著道別的時刻眞的來了。

「好啦，孩子們，來說再見。」

我別過身子，幾乎完全背對她們。

「你怎麼了？不來道別嗎？你們吵架了嗎？你們不親親臉頰說再見嗎？」

瑪莉娜說：「我不和男孩子親臉。」

「唉，妳這孩子。」我媽媽說：「那妳不爲我們唱首歌道別嗎？」

「我可以唱。」

「下次我們去時再唱吧，現在唱會讓喉嚨太熱。」

瑪莉娜和媽媽、伊蓮娜親吻臉頰道別，對我，她只伸出了手（戴著手套），而且很高傲，甚至沒有笑。

她們離開了。媽媽對我說：「你眞是惜字如金。瑪莉娜至少是個勇敢的女孩，而你連數到三都不會。」

我很感謝伊蓮娜。

我親了親她——我把她摟到我身邊，親了親她的頭。

「妳剛才很乖，伊蓮娜。」我說。

然後我開始做功課。

我感覺很好，很寧靜。我及時給了她這張明信片，眞是太好了。它很漂亮。一開始我想買有花的明信片，後來想買風景的：上面有森林，森林旁邊有房子和一匹馬。還有兩張明信片也很漂亮，但是其中一張上面有寫：「命名日快樂。」天使明信片也許是這之中最漂亮的，因爲有高山，有深淵，有花，還有守護天使。

守護天使這個名字眞是弱爆了。應該要叫：捍衛者，或是別的什麼。

等我有錢，我就會給自己也買一張同樣的。因爲瑪莉娜一定不會寄明信片給我的——等她到了維爾紐斯就會忘了這件事。

我在爲明天的課堂抄一首詩。伊蓮娜的娃娃躺在我身邊。一切都是從她的娃娃開始的。還有那有著四片葉子的盆栽。當豆苗繼續長高，上面會有新的葉子長出，這四片葉子會在底下。它們應該也是最先掉落的。我要等它們變黃後自己掉落，還是要趁它們還嫩綠的時候就摘下來，曬乾做紀念？我還拿不定主意。

我在爲明天的課堂抄一首詩。我很認眞地抄。其中一段有一個大寫的W。我努力把它寫得最好看。我現在已經不知道，大寫的R和大寫的W哪一個比較好看，哪一個寫起來最令人愉快。

我看著那張我們寫了字的紙。

唉，沒辦法。我愛她，但我不會再見到她了。我只有一張寫了字的紙，還有四片豆葉……也許她眞的會寫明信片給我？也許我會夢到她？或者，也許我會在街上看到某個像她的女孩？就像我在街上看到一隻長得像斑斑的小狗。

女孩們不是很親切、和善。她們很高傲，喜歡吵架，喜歡擺臉色給人看，喜歡假裝。她們假裝自己是大人了，認爲男孩們只是愛搗蛋的小鬼。

她們總是遠離我們，而當她們接近我們——彷彿只是出於慈悲。

如果有個女孩願意和我們玩，那她通常比我們還糟糕：因爲她就像男孩一樣喜歡調皮搗蛋，但又有許多女孩才有的缺點。

嗯，就是這樣。

女孩們比較柔弱。她們穿著連衣裙，身上掛著蝴蝶結、串珠項鍊，還有各種裝飾品。看起來很漂亮。但如果男孩做這種打扮，就會看起來很好笑。也有男孩留長髮，看起來像個娃娃。他們難道不覺得丟臉嗎？

嗯，就是這樣。

但是爲什麼我們要讓女孩？爲什麼不可以打女孩、推女孩？要是我們這麼做了，大人馬上會說：「她是女孩子欸。」

這讓我們憤怒，讓我們討厭女孩，甚至敵視女孩。

不然還能怎樣？

在學校，女孩和男孩一起學習，要是男孩去告女孩的狀，老師就會說：「你是男孩啊，怎麼連個女孩都搞不定？」

有一次我遇到這樣的情況，第二次我就用自己的方式搞定了。然後大人又跑來罵我怎麼可以打女孩。你實在搞不清楚，到底怎樣做才是對的。

如果大人們不要一直提醒我們男女有別，我們一定早就忘了這回事。但是才不可能呢。他們怎麼可能讓我們忘記。他們老是在說：男孩女孩沒有差別，但他們做的根本和他們說的相反。

我很遺憾，我必須這樣想，但我有什麼辦法？我不能說謊。這不是瑪莉娜的錯。

也許，只有在華沙才會如此？

而她寫了明信片給我。真的寫了。她實現了她的承諾。她寄來了黎明門聖母像[3]的

3黎明門（波蘭文：Ostra Brama w Wilnie，立陶宛文：Aušros Vartai）是立陶宛首都維爾紐斯的一座城門，門上的小教堂內有一幅著名的聖母像。

明信片，上面有地址、郵票、該有的應有盡有。她不怕寫信給男孩。

她很勇敢。

而且她唱歌也不害羞，她還是第一個說她會跳舞的人。

而且她眞的寫了明信片給我。我現在有了明信片、寫了字的紙和豆子的葉片，一片葉子已經破了。

之後在學校，我們有了一次出遊。不是坐火車，只是走過橋到公園，這次的散步很愉快。

我們想要四個人一排走在路中間，而不是兩個兩個擠在道路一側，被大人推來推去。但是老師不讓我們這麼做。她是對的。因爲我們的隊形很快就散了，情況一團混亂。這個孩子從後面踢人，有些人走得慢吞吞，那個孩子跑到左邊，另一個孩子又跑到右邊。即使是兩個兩個我們都走得亂七八糟，沒辦法整齊畫一、保持等距。

這次的散步很愉快。當我們走過馬路，兩輛馬車和一輛汽車停下讓我們通過。這眞的很棒，這表示我們也是有些重要性的，所以他們才要停下來。

我和孟德克肩並肩走著。選擇可以一起走的同伴很重要，知道我前面和後面是誰，也很重要。

最棒的風景在橋上，因爲河水都結凍了。

「有些人還會在結冰的河上挖洞，在裡頭泡水呢。」

「如果是你，你會怕嗎？」

「怕什麼？」

「唔，怕——冷啊。」

「冷又怎樣？」

能試試看在冰水裡泡澡，或是讓別人看到我一點都不怕，是很棒的事啊。

「水可以變成冰塊或水蒸氣。」

「這不是很奇怪嗎？」

「那蒼蠅可以在牆上爬，魚可以在水裡呼吸，就不奇怪嗎？」

「或者青蛙。原本是蝌蚪，然後蝌蚪不見了，變成青蛙。」

我們就這樣想著各種事情。這一切是誰創造的？如果沒有神，那是誰做的？

我和孟德克聊著天，想著如果我們有船，我們會帶著麵包、乳酪、蘋果，一路沿著維斯瓦河和它的支流開到格但斯克。我們一路上會看到低地、山丘，還會看到許多歷史悠久的城市。

我們只是在開玩笑，但我們談論的方式很認眞，彷彿在上課、考試。有學校眞好。它讓我們可以思考各種事物，有些人會知道許多關於地理的事，有些人則會去涉獵自然的知識，另一些人則對歷史感興趣——你永遠不會料到，這些知識在想像中可以派得上用場……

「要去格但斯克還是克拉科夫？」

「去克拉科夫划船滿難到的，因爲逆流。」

「開快艇就不難了。」

如果每一所學校都有一艘小艇就好了。它會停在港口，而我們會去看守它。每天有四個人輪班，從白天到夜晚。當河水解凍，我們就會揚帆啓程。

一個班會坐船出去玩一個星期，另一個班也出去一個星期。我們會輪流坐船、拉帆、掌舵。

因爲現在我們自己也不知道，我們的船會是帆船、輪船、快艇、舢舨或木筏。

而雪地被陽光照得閃閃發光。
公園裡一片純白。
我們開始盡情追逐嬉戲，有些人甚至想把大衣脫下來，老師不准我們脫，但是跑步明明很熱啊，而且我們在學校中庭裡玩時，也沒有穿大衣。
但是我們沒有堅持，因爲我們不希望老師對我們吼。應該要開心的時候卻有人對你發脾氣，這是最糟糕的了。
老師對一個人大吼，所有人都會難過。大人在玩樂的時候，很少發生吵鬧的狀況。而在我們孩子身上這經常發生，你總是會找到鬧事的傢伙。
今天鬧事的是馬利茨基。老師叫他和魯茲基一起走，他馬上就一臉不情願，因爲他們討厭彼此。一路上，魯茲基都一直推他。老師生氣地說，我們走路還打打鬧鬧，就像不良少年，她再也不想和我們去散步了，路人都在看，眞是丟臉到家。馬利茨基氣得跑到了馬車前面，老師很怕他被輾過去。嗯，但他每天都自己放學，也沒人管他啊，就讓他自己走吧。好啦，我也知道不行，因爲如果你允許一個人這麼做了，其他人也會想要立刻跟進。

在公園裡，到了要回家的時候，大家也沒辦法立刻集合好。我們已經走了這麼多路，大家都想在公園待久一點。天氣很好，我們都不想這麼快回家。有些人很聽話，時間到了就在集合點站好。但是他們找不到自己的同伴，於是只好去找人，而有些人就站在原地，覺得無聊。當站著的人發現其他人還在玩，而他們的腳都凍僵了，就會不耐煩地說：「好了，走了啦。」

他們很後悔自己這麼聽話，馬上就站好了，其他人還在奔跑玩耍，而他們得站在那裡看老師生氣。

他們站啊站啊站的，有幾個人就溜走了。那些還在玩的看到集合的人這麼少，所以一點都不急。每個人都想當最後一個，這樣才不會站在那裡枯等。

我不會爲這種事生氣。如果老師馬上開始走，即使只帶六個人，其他人見狀就會跟上來，這樣大家多多少少會集合。也許有人會說：「就讓他們走吧，我可以自己回家。」

但是說這話的人也會怕自己留下，因爲他會被處罰，所以他也會趕緊跟上。就算他賴著不走，那也只是一個人。不能因爲一個人犯錯，就馬上對所有人生氣。

如果大人來問我們意見，我們會提出許多好建議。我們才是最明白問題出在哪裡的人啊，我們時間比較多，可以好好觀看自己、思考自己的事。我們也比大人更了解孩子，我們花更多時間和彼此相處。一個孩子知道的也許不多，但在一群孩子中，你總會找到更清楚狀況的人。

我們是孩子的生命和事情的專家。我們沉默，只是因爲我們不知道可不可以發言。我們不只害怕大人，我們更怕我們那些不想達成協議、不想要維持秩序的同伴。他們寧可在爭吵和不愉快中爲自己撈取利益，就像在一池髒水中撈魚。如果我是大人，我會說這是「無政府狀態和煽動」。

因爲孩子之中哪有什麼團結呢！每個人都有一個很喜歡的朋友，幾個不錯的朋友，幾個處不來或相處起來沒什麼感覺的人，幾個敵人。

也許有人是例外，所有人都喜歡他，而他也喜歡所有人。但大部分時候，孩子會怕其他的孩子。強勢的人會去命令他人，爲所欲爲。或者那種受老師寵愛的人，也很可怕。

所以在散步後的回家途中，我告訴孟德克關於維爾紐斯的瑪莉娜的事。

「你知道，孟德克，我收到了一張來自維爾紐斯的明信片。上面有花和勿忘我，是一張很漂亮的明信片。」

然後我又說：「是一個女孩寄給我的。」

我告訴他，她叫什麼名字，還有讀幾年級。

「但是記著，這是祕密。」

我說，我和她在我媽媽的命名日上跳舞，而且她唱歌很好聽。

還有她有一頭黑髮。

「你瞧，孟德克，我告訴了你我的祕密。而你上次還因爲我先對龐奇克維奇說了斑斑的事，而生我的氣。我那時候必須告訴他呀，不然他不會借我錢。而且，那時候我和你還不熟。」

於是，我們手牽著手走著。他說，他也喜歡一個女孩。

「因爲她總是很憂鬱。」

「而我的瑪莉娜很開朗，就是應該這樣。」

我們在橋上沒說什麼話。直到過了橋，我才說：「當我說你父親喝酒的時候，你生氣嗎？」

我以爲他沒聽到，因爲剛好有輛貨車經過。那是軍隊的貨車，很沉重，鐵鍊還發出叮叮噹噹的聲音。上面坐了三個士兵，但司機穿著平民的衣服，我不知道爲什麼。一個士兵抱著一條狗，狗把前腳放在車子的邊緣，頭不停晃動。牠的表情很驚恐。

但孟德克聽到了。

「我沒生氣。」他說：「只是請你不要那樣說。因爲那很令人難過。雖然我父親是那個樣子，但他還是我的父親，如果有人說他壞話，那不是很令人愉快。」

「我不是故意要讓你難過的。」我說：「我只是不小心說溜嘴。」

「我知道。」孟德克說。

現在我和孟德克已經成爲好朋友了，我會把明信片帶去給他看。

我爲之前的事向他道歉，我告訴了他一個我的祕密，這樣他就不會認爲我想知道他的所有事，自己卻什麼也不說。之後，我也一定會請他到我家玩。

大人們叫我們道歉的方式是多麼可笑呀。你才剛做了什麼，他們就馬上說：「去，去道歉！」

他們眞的沒必要那麼怕。如果我知道我做錯了，我會道歉，但不是馬上、立刻。我會選一個適當的時機。要不然，道歉只會是謊言和虛僞的形式而已。

而瑪莉娜給我的明信片很好笑。她寫：「親愛的表哥：我已經到維爾紐斯了，我現在沒去上學。我坐了整晚的火車，著涼了而且還發燒。給你十億個吻。愛你的瑪莉娜。」

我不好意思給孟德克看這張明信片。

老師叫我們描寫去公園的散步。要有四個部分：去公園，在公園，回家，結尾。

我寫了，老師稱讚我寫得很好。

我是這樣寫的：「那天天氣很好。老師帶我們班去散步。我們走過許多不同的街道，在街道兩側有很高的樓房，而在中間則是車水馬龍。電車行駛在軌道上，而計程車、馬車、牛車和其他車輛則走在道路上。行人魚貫而行，而在街角則有警察在站崗。

「我們在公園玩了各種遊戲。公園被白雪覆蓋，樹都光禿禿的，因爲沒有葉子。它們的樹冠高入雲端。這個公園裡沒有歷史紀念物，只有在夏天會長滿青草，灌木也會被綠油油的葉片覆蓋。

「回家時，我們又通過那座鐵橋，又看了看結冰的河，之後回家的路上，我們都成雙成對走著。

「去公園散步很令人愉快，因爲一直都有出太陽，而在公園裡我們玩了許多好玩的遊戲。」

作業很令人不悅，因爲你永遠都不能在裡面寫眞相，只能寫學校要你寫的東西。瑪莉娜著涼了，而且生病。也許她病得很重，但我卻對此一無所知。她可能會死，因爲孩子也是會死的。收到了明信片，我彷彿很開心，但其實我很憂心。

她爲什麼來這裡？

我以前是知道我在維爾紐斯有個阿姨，也許我還聽說過她有小孩，他們也許甚至還告訴過我，是個女孩，叫瑪莉娜。結果突然，我親眼看到了她。

爲什麼？我爲什麼那麼在乎她？

她只是個遠親，是一個表妹啊？

如果不是叔叔，我甚至根本不會和她講話。如果她在我上學的時候來道別，那我根本不會再見到她第二次。

也許我會把明信片撕毀，然後忘了這件事？

爲什麼要折磨自己？爲什麼要想這件事？爲什麼要想她是否健康，會不會發生了什麼壞事？

而且我也不會再寫明信片給她，因爲我沒錢去買。

但我剛好得到了錢。

「給你，混小子。」父親說，然後給了我一塊錢。「去買你想要的東西，或者去看電影。」

媽媽說：「噢，不要給那男孩錢，你會把他寵壞的。」

我拿了錢，感覺有點蠢。這完全是在我意料之外的事。

因爲父親那時正在算錢，他算到三十一或四十一，比整數多了一塊。我剛好在旁邊，他就給了我，完全出乎意料。

當我拿了錢，我開始同情父親。他也沒有很多錢啊，而養孩子很花錢。他不能買自己的東西，而是必須給我們付學費、買大衣、鞋子、食物還有其他東西。但他花那麼多錢，卻只換來麻煩和擔憂。

我曾經想再次當個孩子，但我完全忘了，我不會賺錢，我會成爲他人的負擔。不，孩子沒有白吃白喝。他們的工作就是上學。確實，我們的假期比較長，但是老師也會放假。我們比老師還辛苦工作，因爲對我們來說所有的事物都很困難，都是新的。

而人們說，孩子什麼都不做，說他們吃免費的麵包。

我曾經想再次當個孩子，但我完全忘了，孩子要擁有自己的錢有多困難，沒錢讓我感覺像個奴隸。

比如說我的尺壞了。有人把它弄得凹凸不平。我下課的時候把它放在桌上，原本還好好的——之後就不見了。我找了半天，終於在別人的座位上找到，它的邊緣都被敲壞了，用這樣的尺已經沒辦法畫直線，因爲鉛筆會卡到凹槽裡。雖然有鑲了鐵的尺，但那很貴。而給我們孩子用的尺是用很軟的木頭做的，彷彿是有人故意粗製濫造。你忘了這尺的品質很粗糙，於是用它來敲椅子，然後它就出現了裂痕。

我們有那麼多東西壞掉、損傷，但是我們什麼都不說。因爲只要我們抱怨，老師就會說：「那就把你自己的東西管好。」

但是下課時間明明就不能在教室裡啊，再說，我們有辦法什麼都不做，只是看管東西嗎？

現在我有一塊錢了，看來，這是神的意旨。

我會買一張明信片給瑪莉娜。我會把十分錢還給龐奇克維奇，把斑斑的事做一個了結。我會買一根尺拿來備用。也許我還會買個鞋帶？這樣當我鞋帶斷掉時，我就不必再聽媽媽罵我了。也許孟德克會需要錢，那時我可以借他。

去看場電影是個好主意，但是要看什麼？我要瞞著孟德克自己去嗎？如果我告訴他我去看了電影，他會難過。

一塊錢彷彿很多，但是當你開始認真計算，你會發現，你的錢不夠。

而大人以爲，孩子很輕率，做事不經過大腦。嗯，大人和孩子之中都有輕率的人。不然爲什麼孟德克的父親會花錢去買伏特加？是有這樣的人，還有另一些其他的人。有人會偷父親的錢，然後拿去請客。有人會和父母要錢，說要買筆記本，但其實是買巧克力。有些人會借錢不還。有些人會把錢弄丟，因爲他的褲子破了洞，或是他把錢和擦鼻涕的手帕一起掏出來丟掉了。但是也有些人只會把錢花在需要的東西上。

他們會一點一滴地存錢，一次存個幾分，然後存夠了就去買禮物給父親，或是比較貴的東西。

我和孟德克一起去找漂亮的明信片。瑪莉娜已經有天使了，勿忘我是她自己寄給我的。有一張明信片上有個男孩和女孩，但是我不好意思寄給她，因爲這就代表她和我。

如果我們可以進店裡挑，事情就會比較容易。但是進去不是很令人愉快。店裡的人會一直監視我們，看我們有沒有偷拿、弄壞、弄髒。他們老是匆匆忙忙，不喜歡你在裡面慢慢看。他們會說：「好啦，挑快點！」

你看得出來，他們希望你滾得越快越好。

因爲孩子只有幾分錢，他們從孩子身上根本撈不到油水。

大人也不會一下子就買一堆東西啊，但是店員們會讓大人看相簿裡所有的明信片。因爲大人就算今天只買了一張明信片，明天也許會來買更多。而我們會買什麼？我們只有幾分錢。

我馬上就還了龐奇克維奇十分錢。當我沒錢的時候，我甚至連問都不敢問。

「這是你的十分錢，你曾經借我買牛奶。」

「我已經和你說了，不用還。」

「我不想要你的錢。斑斑在幹嘛？」

「牠還能幹嘛？」

他好像不想回答我的問題。也許他父母不讓他養，也許他把斑斑丟了？

「牠在你家嗎？」

「你把牠丟了，牠不去我家是要去哪？」

「我沒有把牠丟掉，我只是把牠給你。」

「如果我不收留牠呢？」

「那也許別人會收留牠？」

「你以爲別人的父母會馬上讓他們帶一條狗回家？」

我很生氣，因爲他表現出一副高高在上的樣子。

我說：「爲什麼不讓？」

「你的就不讓你帶啊。」

「因爲我沒問。」

我很生氣，因爲他那麼容易就可以帶狗回家，而我依然很孤單，因爲狗是人類最好的朋友。

我知道嫉妒是很醜陋的情緒。但是竟然有人可以過得那麼爽，還不知道自己有多幸福，這能讓我不嫉妒嗎？

我很好奇，斑斑會不會認出我？所以我只是隱瞞自己的受傷，說：「下次我可以去看看牠嗎？」

「嗯，如果你來，我就會讓你看牠啊。」

「我可以把牠帶回家一天嗎？」

「呵，給你一點顏色你就開起染坊來了。牠是我的，我的。而且你還以爲，牠馬上就會想跟你走嗎？」

「你怎麼知道？也許牠想？」

「牠已經習慣我了。」

「那你就留著牠啊。」

「我當然會留著牠。」

我轉身離去。我和他有什麼好說的？他反正不會明白。

雖然人們會交談，但是每個人的感覺都不同。這就是爲什麼他們無法理解彼此。

我只剩下孟德克了。

我只能一直和在他一起。

早上我們會碰面，一起上學。

下課時一起玩。

一起放學。

他是我在世上僅有的。

也許這麼想是罪惡的？

我明明有父親、媽媽和伊蓮娜。

我忘了說，我和瑪莉娜道別時，我們有吹桌子上的圓圈玩。桌上放著一個圓圈，也許是手錶或什麼別的剩下的。瑪莉娜說：「來比誰吹的風最強？」

她站在桌子一邊，從那邊吹，而我從另一邊吹。

我們也讓伊蓮娜吹了幾次。

灰暗的日子

已經有第二個男孩的帽子掉了。

這引起了騷動。

二年級班上最多東西不見，其中有書也有筆記本。

學校說要展開調查。

老師們說這是全校的恥辱。

每個人都會向老師報告他掉了什麼，老師會一一寫下。

沒有人拿我的任何東西。確實，我本來有一小塊橡皮擦，也許四分之一塊，本來還可以用一星期的。但是我不知道我是在學校、街上還是在家裡掉的。有些人在報告的時候講了一長串物品，你聽了會以爲學校裡全是賊。不管他們是自己弄丟了，還是送給別人但忘記了，他們全都報上去，老師根本來不及寫。一定有人說謊。因爲我聽到潘策維奇說：「你爲什麼不說它掉了？也許學校會給我們買新的？」

還有更嚴重的偷竊行爲：有些人根本沒掉東西，但是也去說他們掉了。這些人眞是恬不知恥。

確實，有些人會掉很多東西，但這些人也沒什麼大腦。他們把東西隨便亂放，之後就找不到了。或是他們會把東西借人，然後就忘了。正因爲這些傢伙，大人說，孩子們很迷糊。更糟的是，他們希望每個人都像他們一樣。要是有人不想隨便借人東西，他們馬上就會說：「自私鬼，小氣鬼，守財奴。」

這些人很讓人生氣，因爲不管他們看到什麼，馬上就會說：「給我。」然後還威脅：「你給我記住，你會後悔的！你等著，我會提醒你。下次輪到你向我要，我就不給你！」

我們必須比大人更常借東西。因爲老師叫我們要帶這些東西，但如果家裡的大人不讓我們買，那該怎麼辦？

很多時候是父母的錯，卻是孩子要受苦。最糟的是，當大人不相信你。在大人的世界，如果有一個人很誠實，大家都會相信他。而在孩子的世界，即使是最誠實的孩子，也會遭人懷疑。

「我需要厚紙板。」

「你又要厚紙板？你不是最近才買的嗎？」

這種問題很傷人，因爲難道厚紙板是我吃掉的嗎？

大人有自己的錢，他們需要什麼去買就好了。孩子則是透過大人的施捨獲得他們需要的東西。他們必須等，等父母心情好，不然大人就會對他們說難聽的話。

孩子應該每個月要有固定薪水。這樣他們就可以知道，自己有多少錢，這樣他們就可以學會怎麼花錢，才不會入不敷出。但現在的狀況是：孩子要不是什麼都沒有，要不然就是一下子獲得太多。他們於是學會賭博和乞討，他們會去刻意討好大人，這樣才能盡可能從大人那裡獲得好處。

我們會掉東西，我們會忘東西，這是眞的。但是大人們有很大的口袋，有抽屜，而且沒有人會去翻看他們的東西。他們走路比較慢，動作也比較慢，但即使如此，他們也會掉東西、忘東西。

當你努力、知道、記得的時候，沒有人會說什麼，大人們看不見我們的努力，不明白我們要花多少力氣。而只要一件事出錯，他們馬上會來對我們吼叫、責罵我們。

在戲院的衣帽間裡，有管理衣帽的人幫你掛衣服，你要拿一個號碼牌，才能去領你的衣服。這樣子衣服怎麼可能會掉呢？但在學校，每個人都自己掛衣服、拿衣服，而且急急忙忙的。三百個學生都把衣服掛得整整齊齊，但總會有幾個隨便亂掛。大人不會誇獎那三百個好好掛衣服的學生，只會說：「孩子們都把衣服亂掛。」彷彿只要有小孩的地方，一切總是很混亂，但大人和小孩的生活條件完全不同啊。

大人貶低我們千次才會稱讚我們一次，威脅、責罵我們百次才會對我們說一句「謝謝」。我都不知道我們孩子要怎麼努力、要怎麼「看好自己」了。

當你看到大人污辱你、懷疑你、說你壞話、責罵你，要不你就不想再努力了（反正再怎麼努力他們也不會滿意），要不，你就會生氣地想：「他們愛叫就讓他們去叫吧，反正他們也不能對我怎樣。」

你只會努力避開他們，盡量離他們越遠越好，不要和他們有什麼瓜葛。除非必要，你不會接近他們。

如果你眞的很痛，你還是需要大人的。如果只有一點點痛（比如什麼東西跑進眼睛了），你寧可找朋友幫忙。要是去找大人，他們馬上會帶著勝利的口吻說：「你幹嘛這樣？你幹嘛那樣？」

彷彿我自己不知道似的。

或者我們必須去告別人的狀，這時我們也會去找大人。我們很少去告狀，如果是，那只有在非告不可的情況下。我們去告狀時也總是提心吊膽，怕大人罵我們一句就隨便把我們打發。

想想看：你們之中的罪犯被關在監牢，而我們之中的罪犯則好端端地晃來晃去。

沒錯，我們共同生活，但我們不是一起的。

如果有個小孩接近大人，因爲他喜歡大人，馬上就會有人懷疑他是馬屁精，他是因爲有利可圖才接近大人。

我們不知道我們可以做什麼，什麼是屬於我們的。我們不清楚自己的權利和義務，不管在大人或小孩的世界，大家都隨心所欲。

我原本想要再次當個孩子，卸下大人灰色的煩惱和憂愁，但現在我有了孩子的煩惱和憂愁，而且它們讓我更痛。

你們不要被我們的笑容騙了。

你們來看看我們的思緒吧，看看我們安靜去上學、放學，當我們安靜坐著上課，當我們低聲或用耳語交談，當我們晚上躺在床上。

我們的煩惱和你們的不同，但不會比較渺小，我們的感受更強烈——而我們的失落則十分巨大，比你們的更巨大。

你們的心已經因為受苦而變硬了，你們已經放棄，而我們還在抵抗。

當我是個大人的時候，面對小偷，我只會小心提防。而現在我則會因為有人偷竊而感到難過、疼痛。

「爲什麼有人會拿別人的東西？怎麼可以這樣？」

我會因爲「並沒有一切都很好」而傷心。

「嗯，這是沒辦法的事。」當我是大人時，我會這麼說。

而現在我不想這樣，我不想要事情如此。

我不相信學校有辦法解決問題。因爲大人好像在改正我們的行爲，讓我們向善——但什麼效果都沒有，只是讓問題越演越烈。

帽子沒有找到。每個人都要負責抓小偷。所以得回去和父母報告。而父母責罵學校：「小偷學校。」或：「老師們在幹嘛？爲什麼不管？」

這又是很不公平的指控了。因爲這是學校的錯嗎？老師畢竟沒辦法管所有人啊。最令人傷心的是，一個人的惡行竟然會讓這麼多人難過、不安。

孟德克在等我。我找不到自己的大衣，於是我們一起去找。

工友馬上說：「你們在這鬼鬼祟祟做什麼？」

我說：「我們沒有鬼鬼祟祟，我找不到自己的大衣，有人把它掛到別處了。」

「你沒掛當然找不到。」工友說。

「我沒穿大衣怎麼來上學？」

他說：「誰知道你有沒有穿？」

沒多久，他又跑來說：「好啦，你找到了？看吧，你掛在哪，它就會在哪。」

我說：「您又沒看到，您怎麼知道。」

他說：「別給我耍嘴皮子，不然我打你耳光。」

到底還要多久，人們才會停止打小孩，還有停止威脅打小孩？現在看起來，有些人不打我們好像只是出於慈悲。

回家路上，孟德克又講起他的父親。

「你也許會認爲，我爸爸喝了酒會鬧事。在我們那棟樓裡有個這樣的人。他喝了酒就會大吵大鬧，有一次人們還叫了警察來。當他回到家，他就會打老婆、打小孩。我們會聽到他砰一聲關門，然後屋裡就傳來尖叫。之後他會把家裡的東西拿出來，丟到地上，看起來像是玻璃器皿或是什麼的。他說：『這都是我辛辛苦苦流血流汗賺來的，如果我想要，我會把它們都打破、毀滅、燒掉。』孩子會叫：『爸爸，爸爸！』我不知道如果是我父親這樣，我會怎麼做。我父親不會這樣鬧，他酒量不好，喝個幾杯就醉了。」

「他爲什麼喝酒？」

「我不知道。也許是習慣了。我長大不會喝酒，也不會抽菸。幹嘛要吞這些有毒的東西？你甚至會感覺到它在你嘴裡燒——燒壞你的血和你的胃。我其實有抽過菸。但是一個男孩叫我把煙吸起來，然後把煙霧噴到手帕上，手帕上出現了一塊黃黃的、充滿臭氣的污漬。如果我是國王，或可以統治國家，我就會下令關閉所有的餐廳，還有酒吧。沒有這些地方，人們就一定得停止喝酒了。」

我們沉默不語地走了一段。

「在血液中有一種圓圓的東西，空氣會進入那裡面。人體的構造還眞奇怪，沒有一個機器像它一樣。因爲你看啊，如果你不給手錶上發條，它就會停止，但人體可以運作個十年一百年都不用上發條。報紙上甚至有寫，有人活了一百四十年。」

我們開始說，我們認識哪些老人。然後我們又談到退伍老兵，說他們還記得起義的事。

「你想要當老兵嗎？」

「不。」他很快地說。「我想要變成十五歲或二十歲。」

「那時候你父母可能不在了。」[1]我說。

他想了一下，然後又想了一下，最後憂愁地說：「啊，會怎樣就怎樣吧。」

1在柯札克的年代，人的平均壽命比現在短，所以當孩子十五或二十歲，父母確實可能已經不在人世。

我們和彼此道別。我們注視著彼此，伸出手握了握。女孩們即使不喜歡對方，也會親吻臉頰道別。我們男孩比女孩眞誠，也許只有女孩有這樣的習慣？

接下來怎麼樣？

也沒怎麼樣，我們繼續去學校上課。

體育課上，老師讓我們玩了新的遊戲。他把我們分成兩組，中間畫一條線，兩組分別站在兩邊。我們要把另一邊的人抓到自己這邊當俘虜，抓到比較多俘虜的那組獲勝。一開始孩子們會干擾遊戲，因爲他們想去另外一組，就會故意被抓。或者有人被抓了卻會掙脫、逃跑，說他沒有被俘虜。但是後來遊戲就進行得很順利了，而且很好玩。

我們請求老師讓我們繼續玩到下課，但是他不肯。我也不知道爲什麼。

根據我的理解，老師應該選幾個孩子喜歡的遊戲，然後讓他們一直玩。如果鬼抓人、長棍短棒、庫克索、棒球都玩了那麼多年（現在還有足球呢），[2]爲什麼大人們認爲孩子會覺得無聊？但老師讓我們每一堂課都玩不同的遊戲，這很令人生氣，因爲我們沒辦法熟悉任何遊戲。嗯，玩一次你是會熟悉規則啦，但是你要玩好幾個星期，才會把遊戲從裡到外都了解透徹，知道所有困難、所有誠實的玩法和詐欺的手段。

大人以爲，孩子喜歡不斷有新鮮的遊戲，童話故事也是。確實，有些人聽到故事馬上就會大叫：「欸，這個我們已經聽過了，我們已經知道了。」

但是，如果你問孩子的意見，你會發現，每個故事都會有人覺得無聊，想要換另一個。

而好的故事、講得有趣的故事，我們可以一聽再聽。就像大人會重複去劇院看同一齣戲，我們也會想聽同樣的故事，而且比大人有過之而無不及。因爲大人看同一齣戲是爲了炫耀，而孩子們則是爲了好好認識故事。

學校教課太趕了，彷彿有人在後面追趕它。

但遊戲還是很好玩。

數學課時，督學來了。

2長棍短棒（Gillidanda，波蘭文稱作klipa），是一種源自南亞的遊戲，規則是用一根長棍danda擊打短棒gilli，打中目標物體得分。庫克索（kukso）則是一種二戰前流行的戶外活動，但現今規則不詳。

大人說，我們要好好努力，即使在沒人看到、沒人監督的時候，也該好好表現。但大人自己卻不一定會這麼做。

督學來時，所有人都會更認眞努力。整個學校（甚至包括校長）馬上會看起來像在過節。我不知道他們到底在怕什麼，因爲督學看起來很好、很親切，就像個普通人一樣啊。

督學要我們算算，筆盒的大小，德羅茲朵斯基太緊張了，沒聽清楚，於是說：「餅。」

我們以爲督學會生氣，然後老師也會生我們的氣。但他只是笑了笑說：「你在想餅啊，你一定是個愛吃鬼。」

大家都笑了，但是後來我們正確地回答了問題。

老師也說我們表現很好，我們度過一段愉快的時光。

之後，老師的命名日到了。天氣很冷，我們本來約好，要一起做一棵小聖誕樹給老師，但最後沒做。我們想要一起寫卡片給老師，但是大家開始吵架——所以也沒成功。因爲我們本來想要每個人出五分錢，買一張卡片，一個人寫，然後大家在底下簽名。但那時大家就開始七嘴八舌：誰要買？上面要寫什麼？最後也沒討論出個結論，所以我們只畫了幾張畫放在老師桌上，然後在黑板上寫：「老師，祝您命名日快樂。」

有人本來還想寫：「祝您健康快樂。」

還有：「祝您找到英俊的丈夫。」

這實在太蠢了，我們沒讓他們寫。而且我們得動作快，因爲快要上課了。

老師看了畫和黑板，只是微微一笑，什麼都沒說。但是看得出來她很感動，因爲那堂老師沒上課，只是念故事給我們聽。她拿來了文森．科薩克維奇的《我們的小孩》，[3]然後念了一整個小時。

故事很好聽，但也很憂傷。

令人不愉快的只有，老師三不五時會停下來加幾句話，解釋一些東西。如果我們

3 文森．科薩克維奇（Wincenty Kosiakiewicz，一八六三－一九一八），波蘭作家。《我們的小孩》（*Nasz mały*）為其所著小說。

專心聆聽，就表示我們聽得懂，就算聽不懂，之後也會猜到啊。

在我們之中有個孩子，他老是喜歡問問題，其他人會生氣，因爲他一直打斷。他很少是因爲眞的想要知道什麼才問，而是爲了表現他雖然不知道，但很有求知欲，希望別人稱讚他。

如果故事不有趣，那停下來解釋還沒什麼關係，這樣可以打發時間。但是如果故事很有趣，我們會怕老師來不及講完就下課了。聽不懂其實沒關係啊，如果你不懂，這故事反而更神祕。

幸好，老師在下課前就把整個故事念完了。鐘響前，老師謝謝我們給她的祝福。我知道老師爲什麼要停下來解釋。她在上課一開始就害怕，她會對那個問問題打擾大家的人大吼，然後就無法讀完故事了。老師們總是害怕所有班上的慶祝，所有的愉悅，所有突如其來、強而有力的歡樂。這很令人沮喪，但看來事情就必須如此。

於是我們玩了各種遊戲——這是整個星期最愉快的事。大大小小的憂傷也有很多。有一件憂傷的事比較特別，因爲那不是我自己的憂傷，而是我去同理別人的憂傷。

當我們孩子看到別人過得不好，我們也會痛苦。

有個老師把赫斯幾乎全新的筆記本撕壞了。因爲赫斯的作業寫得很隨便，老實說那也不是隨便，只是他寫得很快，於是字跡潦草。他媽媽生病了，他在家裡有很多家事要做。他不想要完全不寫作業，因爲他怕老師會生氣。但是他這樣做反而讓老師更生氣。老師那時剛好心情很差，他生氣地說：「你還眞好意思，竟敢給老師這麼潦草的作業……」

然後他就把幾乎全新的筆記本撕毀了。

我不是很喜歡赫斯。他坐得離我很遠，我很少看到他，也幾乎沒和他說過話。他玩起遊戲、說起笑話很野、很瘋，而且總是口袋空空。

但是他第一次哭了，這讓我很驚訝。他眞的流下了眼淚，之後也一直憂鬱地坐在座位上。

我看了他兩次，然後下課時我去找他。

當我還是老師的時候，我如果教訓了某個孩子，不管是有道理還是因爲輕率，馬上就會有一群孩子跑去安慰他，逗他開心。即使是最糟糕的孩子，也會有最優秀的孩子去安慰他，彷彿他們結成了某種同盟，一起來對抗我。

我和孩子們說：「不要和他玩，不要幫他！」

但是孩子們不聽我的話。

我現在才終於明白。

老師只會控訴，所以一定要有人來保護犯錯的孩子。因爲即使孩子什麼都不說，他也一定可以找到理由來爲自己辯護，只是大人不給他機會。而在大人的世界，即使是最糟糕的罪犯，也會有人爲他辯護。

他在新本子上把作業寫得潦潦草草，這很奇怪。即使是最懶惰的懶鬼、最滿不在乎的傢伙，在剛開始時也會認眞努力。

所以呢？

他媽媽病了。如果他的字本來就很難看，現在只會更難看。而有些孩子即使再認眞努力，也寫不出一手好字呀。有時候，字難看也是因爲筆記本的紙質低劣，或是鋼筆太舊、墨水不夠黑、吸墨紙讓字跡模糊。

我剛好有一本新的筆記本，於是給了他。他十分高興，他說，他現在不能向父親要錢買筆記本，家裡因爲媽媽的病而變窮了。

他以前甚至來找過我幾次麻煩，但我知道他以後不會了。我們可以老死不相往來，但是當同學遇上麻煩，總得要去幫助他啊。

另外一件因爲同理而讓我憂心的事是這樣的：

新來的護理師在克魯克的襯衫上找到了蝨子。然後她就開始剪指甲，不只他，還包括我們所有人。她罵我們男孩都不洗澡，爪子很長，而且還不擦鞋子。

（所以大人的指甲是指甲，小孩的指甲是爪子。）

她爲什麼不說，有個人身上有蝨子？爲什麼要把全班都扯進去？爲什麼她要公開羞辱克魯克，是非得要他哭出來不可嗎？長蝨子這種事，明明就是會發生的啊。你也不知道是從誰身上傳染來的。我們又不是只會和全身乾淨的人碰面。我們坐在一起，衣服也掛在一起。家裡有房客——他可能髒兮兮。院子裡也總是有小小孩跑來跑去。

然後她就給我們剪指甲了，還嘲笑我們，甚至連我們的媽媽也一起笑，她根本沒有權利這麼做。

馬屁精也在這時逮到了討好大人的機會。他們大聲宣揚，說了各種刺人的笑話，然後哈哈大笑。對，就是那種看到別人受苦，然後幸災樂禍的噁心笑聲。

要擦鞋子嗎？沒問題啊。但是得先要有刷子、鞋油和把鞋子刷亮的小刷子。如果刷子的刷毛都掉了，只剩木頭，那怎麼辦？買一小盒鞋油就要二十分錢。你是可以用口水刷幾次鞋子啦，但是這會把鞋子弄髒，之後就算有鞋油也無濟於事了。

她好像以爲我們什麼都可以靠自己、自己決定！……

最糟的是，孟德克的鞋子很緊。鞋子磨破了他的腳，他走起路來於是比原先更跛了。我的大衣穿在我身上太大，但是他的問題更大。

他不敢告訴家人，因爲他們馬上會開始對他吼。他們原本想買大一號的鞋子，但是那雙那時候對他來說太大了。

「我不知道這是怎麼回事。也許我們並非一直以等速成長。我原本那雙鞋磨破了，但它也還是太大。那時候我的腳根本沒在長，而最近這半年，我的腳一直長，我自己也不知道怎麼會這樣。我的鞋子衣服都太緊。我根本沒辦法運動，因爲我怕動一下鞋子衣服都破了。老師很生氣，說我沒有彎腰，沒有好好把手伸直，說我在行進時沒有抬頭挺胸，動作不夠大。他也不看看我身上穿著什麼衣服。」

「那你打算怎麼辦？」我問。

「我也不知道……也許當我完全沒辦法走時，我父母就會注意到吧。那時候會怎樣就怎樣。也許他們會對我吼叫，搞不好還會打我一頓。但是，我在長大，這也不是我的錯啊。我總有一天會停止長大的吧。」

然後我們聊起，如果給小孩喝伏特加，也許他們會停止長大。也許迷你馬會是迷你馬，就是因爲喝了伏特加。去年，在馬戲團的廣告上就有一隻好漂亮的迷你馬。

「你看到那廣告了嗎？」

「我怎麼可能沒看到？」

「在新世界路上看到的，對不對？」

「不，是在元帥路上看到的。」

大人們看我們吵架，會覺得奇怪。他們認爲，我們不是很團結嗎？怎麼還會吵架？沒錯，有兩個陣營：大人和孩子。然後孩子之中還分成許多小團體，這些小團體彼此會鬥爭，而孩子和孩子也會鬥來鬥去。孟德克是我眞正的朋友，但我也不知道這能維持多久……

我最擔憂的事，就是現在一切都很困難了。我已經忘了我還是大人時會的事，現在我上課不能分心了，我必須專心上課，還要用心寫作業。

現在我回答問題也有困難了。我不確定我到底會不會，我很怕答不出來。當老師看著全班，要叫人起來回答問題時，我的心跳得特別快。也許不是因爲恐懼，而是這舉動令人不愉快。彷彿老師在偵查我們，雖然我沒犯錯，但誰知道情況會如何呢。

我們並非只是靠自己，也要靠全班。當全班都知道、都明白時，你回答起問題，和全班都不會、老師沒耐心的時候，感覺是不同的。

只要有一個人說了一個蠢答案，在他之後，我們就很難好好回答老師的問題了。

這就是爲什麼有時候，即使是全班最蠢的學生，都可以漂亮地回答問題，而有時候，全班彷彿突然變笨了。或者，有時候你會遇到一個完全不在乎別人、完全不配合別人的傢伙。那時候全班都會討厭那個人，希望他趕快失敗。

這彷彿是有人在空氣中施了魔法，說：「祝你失敗倒楣。」

嗯，沒辦法。我不知道、不懂、不能。爲什麼我一定要懂？爲什麼我不懂一定是我不專心？難道比較笨的孩子在世上就不能有一點點生存空間嗎？

老師叫我去黑板前回答問題。那是一題改錯。但我腦袋裡一片空白。老師沒說什麼別的，只說：「你又會得到兩分了。」

其他孩子遇到這種情況，會咳嗽或做怪表情，或是向老師撒嬌，讓老師同情他們，或是如果有人提示，他們會馬上利用這機會。他們看起來好像在自己解題，其實在等老師告訴他們答案。也許在最後一刻會發生奇蹟，讓他們獲救？

每個人面對的方式都不一樣，但共同目的是讓自己擺脫困境。所以我也這樣做。但老師已經記住我了。我不是說她會故意找我麻煩，但她會隨時留意我。

孩子們用手指比畫，告訴我快要打鐘了。但我一點也開心不起來。也許老師在下課後還會把我留下來？那樣就更糟了。或者她也不會把我留下，只是會記住我犯的錯。

「錯了。」

我自己也知道答案是錯的，我只是在等著看，老師會生我的氣，還是會取笑我。

但她的反應是最糟的。

「你到底是怎麼了？」她不高興地說：「你最近退步很多。你上課不專心，寫作業也隨隨便便，你根本放棄了。這就是後果，我們昨天也做了類似的題目，如果你上課專心，就一定會。」

一切都完了。

嗯，沒錯，我墮落了。是的，我們會墮落，然後又會改善。這從來都沒有任何原因。如果你不明白人的頭腦和人的心靈是如何運作，你總是很容易對別人下評斷。

一切都完了！

老師已經不喜歡我了。她很生氣她錯看了我。如果我一開始就是個灰色、無名的學生就好了。這樣，我會過得比較安全、容易、自由自在。因爲老師對我的要求會比較少，我不必那麼努力向上。

我低下頭，只敢偷偷地看老師。我不知道，她會爲我遺憾嗎？還是她以後再也不會喜歡我了？

老師們從來不會說他喜不喜歡你，但你感覺得出來。他們對你說話的聲音和看你的眼神都會不同。有時候當他們把你嫌惡地趕開，你會感到全身有一陣寒流通過。

你很痛苦，但是你什麼都沒辦法做。或者你會產生反抗之心。你會想：我有做錯什麼嗎？

巴蘭斯基想出一個愚蠢的把戲，他把橘子皮的油擠到我的眼睛裡。我痛得要命，但我什麼都沒說，只是一直揉眼睛。

然後老師說：「你在幹嘛？你爲什麼不專心……」

我不會告訴她發生了什麼事。因爲這難道是第一次嗎？

有人來惡整你，你大吼，跳了起來。然後你就有錯了。

老師們不知道，我們有多怕那些「惦惦吃三碗公」的搗蛋鬼。

這些人愛做什麼就做什麼，而且不會因此受到懲罰。如果他坐在你隔壁，或是坐在你後面，你就倒大楣了，你根本一刻都無法鬆懈。

第二次有點是我自找麻煩。

我坐在教室上課，突然看到史查文斯基背上有一個五根手指形狀的粉筆印。剛才下課時，有人把手沾滿粉筆灰，然後拍到他背上。他都不知道自己背上沾了一個手印。

我想把手放過去比比看，那是右手還是左手，我只想遠遠地比，但是我不小心動了一下，然後他就回過頭來。老師因爲他轉身而罵他，然後維斯涅夫斯基說：「喔！你背上有手印！」

然後老師就轉向我。
我把手伸出來，給老師看我的手是乾淨的。老師說：「兩個都在座位上罰站。」
我們沒有站很久。但重點不在此。大人們總是隨便、匆忙地處理我們的事，這眞令人難過。彷彿我們的生命、擔憂和失敗只是他們那些「眞正的問題」的附帶品。
彷彿有兩種人生——大人的人生是嚴肅的、值得尊敬的，而我們的人生只不過是個玩笑。因爲我們比較小、比較弱，我們只不過是大人的玩具。這就是爲什麼他們輕視我們。
孩子是未來的大人。所以他們長大才會「成人」，他們現在還不算是人。但我們明明就在啊：我們活著，感覺，痛苦。
我們的童年時光，也是眞正的人生。
爲什麼他們要我們等？還有要等什麼？
大人們也會爲變老做準備嗎？他們不是也會輕率地浪費力氣嗎？他們難道就比我們更願意聽老人言嗎？
我在大人灰暗的生活中，想著多采多姿的童年時光。我被回憶的幻覺所騙，於是回來了，進入童年灰暗的日子。我什麼都沒得到，只是失去了大人因爲放棄、妥協而得來的鐵石心腸。

我很憂鬱。一切都很糟。

我這奇怪的故事要進入尾聲了。

意外接二連三地發生。

我把瑪莉娜的明信片拿去學校給孟德克看。

然後維斯涅夫斯基一把從我手上搶了過去。

「還給我！」

他跑走了。

「還給我，你聽到沒？」

他大笑著逃跑，跳過一張又一張椅子。

「還給我！馬上！」

他把手舉得高高的，大聲叫：「三聯畫的未婚妻寫信給他囉！」

我把明信片搶過來，揉了又揉，然後撕成碎片。

我沒注意到有一片掉到地上。

我因爲心痛和憤怒而發狂。

而維斯涅夫斯基大喊：「欸，你們看！她要給他十億個吻耶！」

我跑過去，狠狠往他臉上揍過去。

校長抓住了我的手。

沒錯，我墮落了。我原本很會畫畫和寫字，現在卻上課不專心，躁動不安，作業也寫得不好。

媽媽被叫到學校了。

「你等著，等你父親回來，他不會再給你一塊錢去看電影了。」

我從四面八方被包圍，無路可出。

到處都是壞話，都是嫌棄的眼神，以後還會更糟。

孟德克想要讓我開心。我知道，但我開心不起來。我殘忍地把他趕開，想也不想就控訴他：「都是你害的。」

孟德克滿懷恐懼地望著我。爲什麼？他做錯了什麼？

都是這張明信片惹的禍。

我恨瑪莉娜。愚蠢的女孩，喜歡調情，她想整晚跳舞，眼睛還看著天花板。

可惜，她離我那麼遠。要不然我會找她出氣，揍她一頓，把她的蝴蝶結丟到水溝。

我把豆苗從花盆裡扯出來……從窗戶丟出去。伊蓮娜滿眼淚水地看著我，她感覺得到發生了可怕的事。

我什麼都不想要，也不想要任何人。

斑斑，你在哪？

不。我要這隻狗幹嘛？就讓龐奇克維奇養著牠好了。他用十分錢買到了這隻狗。就讓牠去舔他的手。

我把所有的紀念品都毀了，我要和整個世界斷開連結。

只剩我獨自一人。

媽媽？

她已經說了啊，她不要我了，她只要伊蓮娜，不要我。

我不懂得自重，老是惹禍，受詛咒，和整個世界都不對盤。

所有的一切都沒了，到處都是背叛。

「躁動不安，作業不好好寫。」

老師也是，斑斑也是，媽媽也是。

我一路跑到閣樓，在門前的樓梯上坐下。

我心裡空空的，身邊也空空的。

腦袋裡也空空一片。

我深深地嘆了一口氣。

從閣樓的門縫中，有個小人晃著一盞燈，吃力地走了出來。

「啊哈！」

他摸著他的銀鬍子，一語不發。

他在等待。

我流著淚，絕望地低聲說：「我想要長大。我渴望當個大人。」

小矮人晃了晃手中的燈。

◎

我坐在辦公桌前。

桌上有一疊作業要改。

床前有一張泛白的地毯。

窗玻璃沾滿灰塵。

我伸出手，拿起第一份作業。

錯字。

桌子的「桌」被寫成了「捉」。這孩子好像發現了錯誤，於是把「捉」畫掉，在上面寫了「桌」。但他似乎又覺得不對，把「桌」畫掉，重新改回「捉」。

我拿起藍色鉛筆，在吸墨紙上寫：「捉子」、「捉子」……

可惜。但我不想回去……

國家圖書館出版品預行編目資料

當我再次是個孩子：波蘭兒童人權之父選集 / 雅努什．柯札克 (Janusz Korczak) 著 ; 林蔚昀譯 .
-- 初版 . -- 臺北市 : 網路與書出版 : 大塊文化發行 , 2019.10
360 面 ;14.8*19.5 公分 . -- (黃金之葉 ; 21)
譯自 : Prawo dziecka do szacunku & Kiedy znów będę mały
ISBN 978-986-97603-3-1(平裝)

1. 親職教育 2. 親子關係 3. 兒童教育
528.2 108014740

BOOK INSTITUTE

©POLAND

This book has been published with the support of the ©POLAND Translation Program

本書獲波蘭圖書協會翻譯補助出版

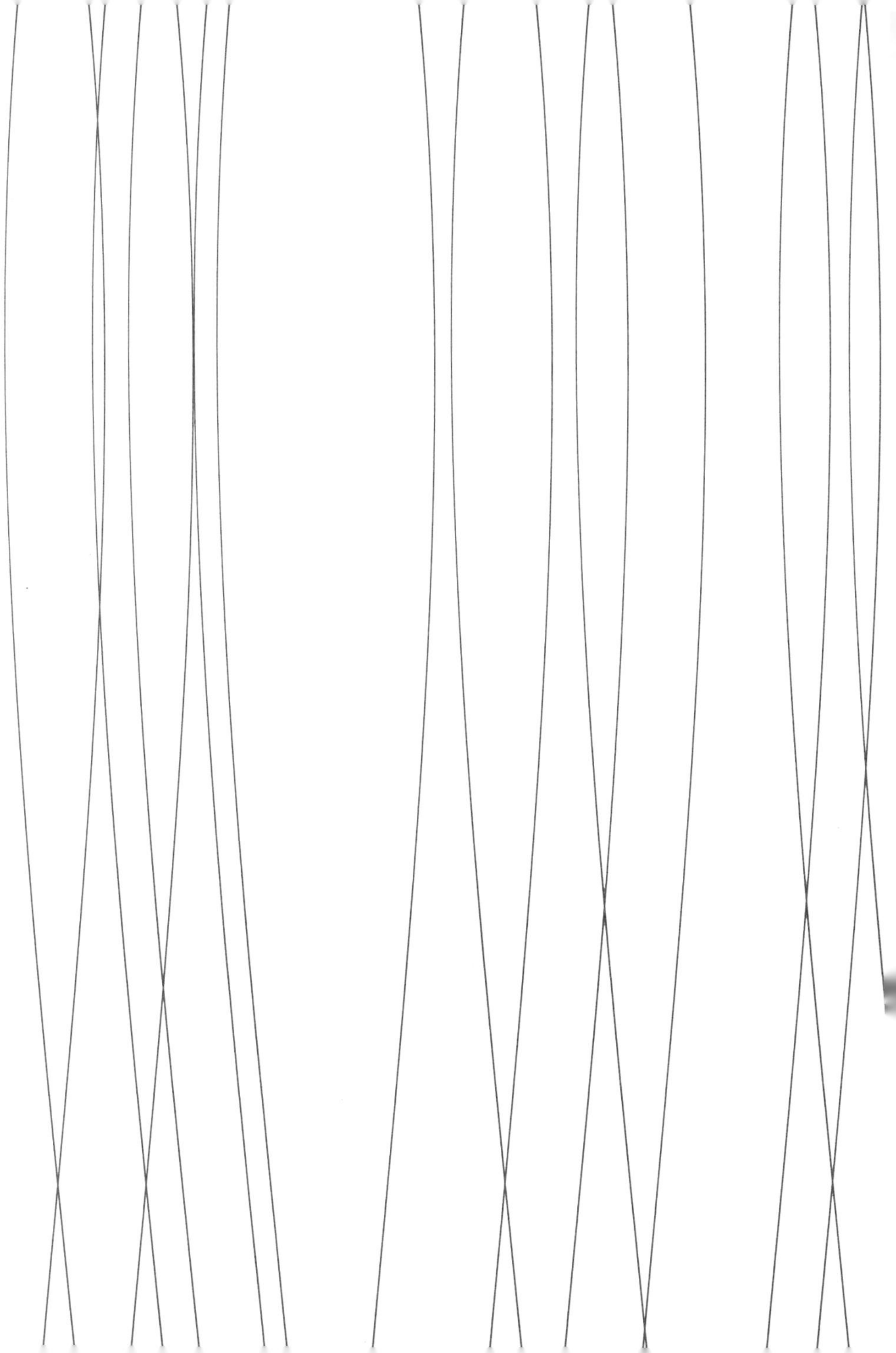

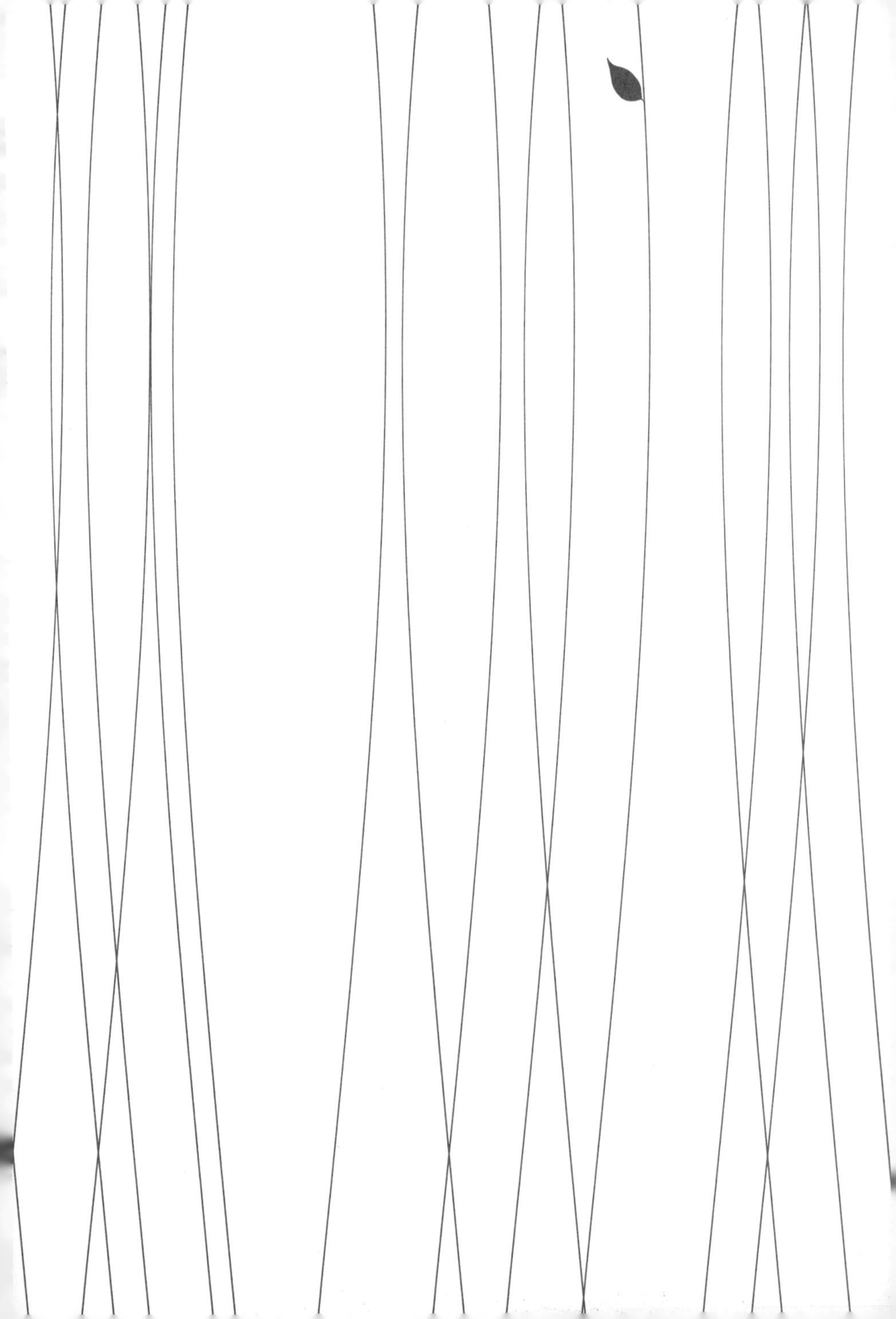